Eine Bildreise

Matthias Gretzschel / Georg Jung / Ellert & Richter Verlag

Sachsen-Anhalt

Autoren/Bildnachweis/Impressum

Matthias Gretzschel, geb. 1957 bei Dresden, studierte nach einer Buchhändlerlehre an der Leipziger Universität evangelische Theologie. Nachdem er 1988 im Fachgebiet „Christliche Archäologie und Kirchliche Kunst“ promoviert hatte, war er als freier Autor und Journalist in Leipzig tätig. Heute arbeitet er als Feuilletonredakteur beim „Hamburger Abendblatt“. Im Ellert & Richter Verlag erschienen seine Bücher, „Dresden – Spaziergänge“, „August der Starke und seine Schlösser“, „Auf Martin Luthers Spuren“, „Sachsen“ und „Auf Johann Sebastian Bachs Spuren“.

Georg Jung, geb. 1945 im Sudetenland; Berufsausbildung im Bereich Werbung, danach Studium an der Hochschule für Bildende Künste in Berlin und anschließend an der Universität Hamburg in den Fächern Psychologie und Ethnologie. Heute arbeitet er freiberuflich als Reiseschriftsteller und Fotograf. Zu seinen Veröffentlichungen zählen mehrere Bildbände. Im Ellert & Richter Verlag erschienen bereits die Bildreisen „Rügen“, „Der Darß, Fischland und Zingst“ und „Auf Johann Sebastian Bachs Spuren“, in der Weißen Reihe der Band „Umbrien“.

Farbfotos: Georg Jung, Hamburg
Titelabbildung: Magdeburger Dom

Farb- und S/W-Abbildungen im Text:
Bildarchiv Preußischer Kulturbesitz, Berlin: S. 7, 9, 20, 21, 30, 31, 33, 46, 67, 74, 75, 76, 87, 88
Georg Jung, Hamburg: S. 19, 66, 77
Privatbesitz: S. 44
Sächsische Landesbibliothek, Abteilung Deutsche Fotothek/Foto: Richter: S. 45, 86/87

Die Deutsche Bibliothek – CIP-Einheitsaufnahme

Sachsen-Anhalt: / Matthias Gretzschel; Georg Jung. – Hamburg: Ellert und Richter, 1994
(Eine Bildreise)
ISBN 3-89234-471-X
NE: Gretzschel, Matthias; Jung Georg

Text und Bildlegenden: Matthias Gretzschel, Hamburg
Lektorat: Dorothee v. Kügelgen, Hamburg
Gestaltung: Hartmut Brückner, Bremen
Karte: Gabie Heer Werbeagentur, München
Satz: KCS GmbH, Buchholz/Hamburg
Lithographie: Lithographische Werkstätten Kiel, Kiel
Druck: Druck- und Verlags-Gesellschaft mbH, Darmstadt
Bindung: Großbuchbinderei Hollmann GmbH, Darmstadt

Inhalt

Der Streit war heftig, und er wurde nicht ohne Grund geführt: Als es 1990, ein Jahr nach dem Zusammenbruch der Herrschaft der SED, darum ging aus den Verwaltungsbezirken der untergehenden DDR wieder die historischen Länder zu formen, war im entstehenden Sachsen-Anhalt schon der Name des Landes strittig. Hitzige Auseinandersetzungen entzündeten sich auch an der Frage, ob Halle oder Magdeburg Hauptstadt werden und welches Wappen das Bundesland erhalten sollte.
Kein Wunder, denn ein Land Sachsen-Anhalt hatte es zuvor nur reichlich fünf Jahre – von 1947 bis 1952 – gegeben. Als die sowjetische Besatzungszone zwei Jahre vor Gründung der DDR neu gegliedert wurde, hatte man das Land aus Anhalt, der ehemaligen preußischen Provinz Sachsen sowie einigen ursprünglich thüringischen und braunschweigischen Regionen gebildet. Aber die einzelnen Teile des neuen Landes hatten über Jahrhunderte hinweg eine eigenständige politische Entwicklung genommen. Der preußische Historiker Heinrich von Treitschke bezeichnete die erst 1816 entstandene Provinz Sachsen, in der preußische Gebietsteile mit jenen Gegenden zusammengefaßt waren, die das Königreich Sachsen gemäß der Vereinbarungen des Wiener Kongresses an Preußen abtreten mußte, als „wunderliches Gewirr von 32 größeren und ungezählten kleineren Herrschaften".
Der politische Flickenteppich der deutschen Kleinstaaterei, der uns hier so eindrucksvoll begegnet, ist häufig beklagt oder belächelt worden. Man kann es aber auch anders sehen: Hat die politisch-administrative Zersplitterung nicht auch zur Herausbildung vieler, oft miteinander konkurrierender kultureller und geistiger Zentren geführt? Kein Zweifel, der kulturelle Reichtum dieses Landes hat hier seine Wurzeln. Hinzu kommt die Tatsache, daß die Region zwischen Havelberg im Norden und Naumburg im Süden, Wernigerode im Westen und Wittenberg im Osten, obwohl sie in unterschiedliche Herrschaftsgebiete gegliedert war, einen einheitlichen, geschichtlich gewachsenen Kulturraum bildet.
Im Süden des heutigen Bundeslandes siedelte im 5. Jahrhundert der germanische Stamm der Thüringer, dessen Herrschaft jedoch 531 durch die verbündeten Sachsen und Franken beendet wurde. Die Sieger teilten sich das Land: Der nördliche Teil geriet unter sächsischen, der südliche unter fränkischen Einfluß. Doch schon einige Jahrzehnte später erreichte eine slawische Einwanderungswelle das Gebiet zwischen Saale und Elbe. Diese slawische Bevölkerung wurde erst unter Karl dem Großen wieder zurückgedrängt.
Unter seiner Herrschaft erreichte das Fränkische Reich im 8. Jahrhundert seine größte Ausdehnung. Karl hatte in langen und verlustreichen Kämpfen zwischen 772 und 804 die Sachsen, den letzten heidnischen germanischen Stamm Mitteleuropas, besiegt. 780 erreichte er die Elbe. Nun wurden nicht nur Befestigungsanlagen errichtet; da es das Land zu christianisieren galt, entstanden auch Kirchen und Klöster. Als erstes Bistum wurde um das Jahr 802 das Missionsstift Halberstadt gegründet. Wenig später, nämlich 805 und 806, nennen amtliche Urkunden mit Magdeburg und Halle zum ersten Mal die beiden bedeutendsten Städte der Region.
Um eines der wichtigsten Daten der frühen deutschen Geschichte rankt sich eine hübsche Legende: Am „Finkenherd", heute ein schmuckes Fachwerkhaus unterhalb des Quedlinburger Burgberges, soll der Sachsenherzog Heinrich gerade damit beschäftigt gewesen sein, Vögel zu jagen, als ihn atemlose Boten erreichten. Er sei zum König gewählt worden, teilten sie ihm mit. Ebenso überrascht wie erfreut, legte der junge Mann Leimrute und Schlinge beiseite, um die Reichskleinodien, die die Boten vorsorglich gleich mitgebracht hatten, zu treuen Händen in Empfang zu nehmen.
Was den Ort und die näheren Umstände betrifft, so ist hier wohl die Phantasie der Nachwelt kräftig am Werk gewesen. Doch so viel steht fest: 919 wurde der Sachsenherzog als Heinrich I. zum ersten deutschen König gewählt. Der Liudolfinger mußte sich schon bald bewähren, denn dem Reich drohte großes Unheil. Vor allem an der Ostgrenze drohte Gefahr, denn von dort drängten die kriegerischen Slawen und Ungarn auf deutsches Gebiet. In einer blutigen Schlacht besiegte Heinrich im Jahre 933 mit seinem Heer die Ungarn bei Riade. Sein Sohn und Nachfolger, Otto I. (der Große), sorgte schließlich für den endgültigen Sieg, als er die ungarischen Heere am 10. August 955 auf dem Lechfeld bei Augsburg so vernichtend schlug, daß sie nie wieder auftauchten. Damit stand der Konsolidierung des Reiches in den Gebieten östlich von Elbe und Saale nichts mehr im Wege. Um das Land zu befrieden und zu entwickeln, ließ Otto I. zahlreiche Bistümer gründen: 948 Havelberg und Brandenburg, 968 Merseburg, Meißen und Zeitz, das 1028 nach Naumburg verlegt wurde.
Im Schatten der Kirchen wurde die Christianisierung der überwiegend ländlichen Bevölkerung vorangetrieben. Vom 10. Jahrhundert an entwickelte sich die Region um den Harz zu einem der Kerngebiete des deutschen Reiches. Neben die Landwirtschaft trat im Harz bald der Silberbergbau, im Mansfelder Land wurde seit dem späten 12. Jahrhundert Kupfer gefördert und verhüttet. Dem Erzbistum Magdeburg standen die weltlichen anhaltinischen Fürstentümer und die Städte gegenüber.
Aufgrund der unterschiedlichen Interessen konnten Konflikte kaum ausbleiben. Neben dem Adelsgeschlecht der Askanier, die nach der Grafschaft Ascharien (Aschersleben) benannt wurden, waren die Wettiner, deren Stammburg sich nordwestlich von Halle hoch über die Saale erhebt, die bestimmende Dynastie.
Nachdem Kardinal Albrecht v. Brandenburg Halle im Jahre 1514 zu seiner Residenz erwählt hatte, stieg die Bedeutung der Saalestadt, die 1694 eine Universität erhielt. Von Wittenberg aus trieb Martin Luther ab 1517 sein reformatorisches Werk

voran. Dadurch wurde das Gebiet des heutigen Sachsen-Anhalt zum Ausgangspunkt einer welthistorischen Entwicklung. Die Reformation, die in den anhaltinischen Regionen zwischen 1526 und 1534, im Erzstift Halle jedoch erst einige Jahrzehnte später eingeführt wurde, veränderte das Land grundlegend: Der geistliche Machtfaktor entfiel, und die Klöster wurden aufgehoben.

Der junge Mann, der hier eben noch bei der Vogeljagd war, hört ein wenig skeptisch das Anliegen der Boten an. So stellte Paul Thumann 1878 jenen historischen Augenblick dar, in dem Heinrich I. im Jahre 919 seine Wahl zum deutschen König mitgeteilt wurde.

Ein eigenständiges Gebiet mit dem Namen Anhalt existierte seit dem frühen 13. Jahrhundert. Doch immer wieder kam es durch Erbfolge zu Teilungen. Nach der Landesteilung von 1603 waren Dessau, Bernburg, Köthen und Zerbst die bedeutendsten anhaltinischen Fürstentümer. Schon 1793 verlor Zerbst seine Eigenständigkeit und wurde unter den benachbarten Fürstentümern aufgeteilt.

Politisch ohne größeren Einfluß, wurde Anhalt im wesentlichen von seinen mächtigeren Nachbarn, vor allem von Preußen, mitbestimmt. Besonders eng waren die Beziehungen Dessaus zu Preußen, nicht zuletzt durch Fürst Leopold I., der als der legendäre „Alte Dessauer" für die preußischen Könige kämpfte. So wenig politischen Einfluß die kleinen Fürstentümer auch ausübten, das geistige und kulturelle Klima in ihren Residenzen war nicht selten beachtlich.

So gründete Fürst Ludwig von Anhalt-Cöthen im Jahre 1617 die humanistisch geprägte „Fruchtbringende Gesellschaft", der u. a. die Dichter Martin Opitz, Friedrich von Logau und Andreas Gryphius angehörten. Leopold I., der Anfang des 18. Jahrhunderts regierte, holte Johann Sebastian Bach nach Köthen und bot ihm an seinem Hof hervorragende Arbeitsbedingungen. Eine der bedeutendsten Persönlichkeiten unter den anhaltinischen Fürsten war Leopold Friedrich Franz von Anhalt-Dessau (1758 bis 1817), der ganz und gar vom Geist der Aufklärung durchdrungen war. In Wörlitz schuf Friedrich Franz, der mit allen bedeutenden Künstlern und Intellektuellen seiner Zeit in Verbindung stand, den ersten und bedeutendsten Landschaftsgarten Deutschlands.

Die Gebiete westlich der Elbe kamen nach dem Frieden von Tilsit im Jahre 1807, nach der preußischen Niederlage gegen Napoleon, an das neu gegründete Königreich Westfalen, das von Napoleons Bruder Jérome von Kassel aus regiert wurde. Doch schon 1815 wurden die politischen Karten wieder völlig neu gemischt: Napoleon war besiegt und verbannt. In Wien entschieden die Gewinner, daß sowohl die Gebiete westlich der Elbe, als auch die früher zu Sachsen gehörenden Regionen an Preußen fallen sollten. „Provinz Sachsen" nannten die Preußen das neue Gebilde, das aus den drei Regierungsbezirken Magdeburg, Merseburg und Erfurt bestand. Aber das war noch nicht alles: Auch Halle gehörte nun zu Preußen, ebenso wie einige Enklaven auf braunschweigischem Gebiet und die Harzstadt Blankenburg.

Nun waren die politischen Verhältnisse erst einmal klar; also konnte die Wirtschaft entwickelt werden. Mit der Eröffnung der Trasse Leipzig-Halle-Magdeburg begann im Jahre 1840 der Ausbau des Eisenbahnnetzes, in dem die Städte

Magdeburg und Halle später zu wichtigen Knotenpunkten werden sollten. Der Ausbau der Verkehrswege wurde zu einer wichtigen Voraussetzung für die industrielle Revolution, die das Gesicht von weiten Gebieten im heutigen Sachsen-Anhalt bald stark verändern sollte.

Im fruchtbaren Magdeburger Raum, wo sich ein ertragreicher Rübenanbau etabliert hatte, entstanden zahlreiche Zuckerfabriken, während im Südosten, in der Gegend von Halle, Merseburg und Weißenfels, Braunkohle, später auch Kalisalze und andere Minerale gefördert wurden. Das war die Voraussetzung für eine folgenreiche Entwicklung: Zwischen Halle, Bitterfeld, Wolfen und Leuna entstand ein gigantisches chemisches Industrierevier. In der Nähe der durch Martin Luther weltberühmt gewordenen Stadt Wittenberg wurde während des Ersten Weltkriegs eine Stickstoff-Fabrik erbaut, die bis zum Ende der DDR-Zeit die Umwelt stark belastete. Piesteritz und Wittenberg, Bitterfeld und Wernigerode – das sind die gegensätzlichen Symbole, die die Entwicklung des Landes maßgeblich bestimmt haben.

Die Wirtschaftskrise der Weimarer Jahre erfaßte auch die Industrieregionen Sachsen-Anhalts; es kam zu Unruhen und Streiks. Nach der Machtübernahme Hitlers wurde der Gauleiter der NSDAP für Magdeburg-Anhalt zum Reichsstadthalter für Braunschweig und Anhalt ernannt. Er regierte von Dessau aus und unterstellte sich den bisherigen Ministerpräsidenten des Freistaates Anhalt als alleiniger Staatsminister. Die Gleichschaltung war damit erreicht, und sie wirkte sich auf das Land durch das Verbot aller nicht angepaßten Parteien, Organisationen und Institutionen aus. Die braune Zeit hatte sich in Sachsen-Anhalt schon lange angekündigt. So zog die NSDAP bereits im Jahre 1931 mit der Forderung nach dem Abriß des angeblich kommunistischen Dessauer Bauhauses in den Wahlkampf. Ab Mai 1932 gab es eine rechte Mehrheit im Landtag – das war das Aus für das Bauhaus, dessen für die Entwicklung der modernen Architektur so maßgebliches Gebäude glücklicherweise dennoch erhalten blieb.

Hitler ließ die Industrie für seine Kriegsziele umstrukturieren. Viele Industrielle und Unternehmer unterstützten den Ausbau der Rüstungsindustrie bedenkenlos, denn das versprach sichere Profite. Wer sich, wie der Flugzeug-Hersteller Hugo Junkers, dem Rüstungsprogramm nicht bedingungslos unterwarf, wurde kurzerhand kaltgestellt. Die NS-Justiz drohte Junkers einen Prozeß wegen Landesverrats an, sofern er Dessau und seine Werke, die von Görings Reichsluftfahrtministerium treuhänderisch übernommen wurden, wieder betreten würde.

Wichtiges Glied in Hitlers Rüstungskette war der IG-Farben Konzern, der nicht nur Treibstoffe, Kautschuk und andere Chemieprodukte für die Wehrmacht produzierte, sondern durch die Herstellung von geruchsfreiem Zyklon B auch die technischen Voraussetzungen für den Holocaust schuf. Viele Rüstungskonzerne in Anhalt und der Provinz Sachsen ließen KZ-Häftlinge für sich arbeiten, für die kein Lohn, sondern lediglich eine tägliche „Ausleihgebühr“ zwischen vier und acht Reichsmark bezahlt werden mußte.

Am 16. Januar 1945 sank Magdeburg bei einem alliierten Bombenangriff in Schutt und Asche. Mindestens 4.000 Menschen verloren dabei ihr Leben. Am 7. März wurden Dessau und noch am 8. April, wenige Wochen vor Kriegsende, das historisch so wertvolle Halberstadt systematisch zerstört. Aber auch auf Aschersleben, Eilenburg, Halle, Merseburg, Oschersleben und Zerbst fielen noch Bomben.

Um trotz der Angriffe den Nachschub vor allem für die Luftwaffe sichern zu können, hatte man die Produktion teilweise in unterirdische Stollen verlagert. Etwa 30.000 Häftlinge, darunter zahlreiche Kriegsgefangene, mußten in dem unterirdischen KZ Dora bei Nordhausen und seinen Nebenlagern arbeiten. Als die Alliierten im April 1945 anrückten, trieb die SS die Häftlinge in Todesmärschen in Richtung Altmark. Am 13. April richteten die Bewacher ein Massaker an, indem sie die Häftlinge in der Nähe von Gardelegen in eine Scheune sperrten und das Gebäude anschließend in Brand setzten.

In den westlichen Teil Sachsen-Anhalts rückten nun die Amerikaner bis zur Elbe vor, den östlichen besetzten die Sowjets. Teilweise leisteten fanatische SS- und Volkssturmeinheiten noch einen verlustreichen Widerstand, der aber bald gebrochen wurde. Durch einen zwischen den Alliierten bereits während der Konferenz von Teheran vereinbarten Gebietsaustausch kam das 1945 gegründete Sachsen-Anhalt vollständig unter sowjetischen Einfluß. Immer stärker bestimmten nun die Kommunisten die Geschicke des Landes, das seit 1949 Teil der frischgegründeten DDR war. Die Verstaatlichung der Industrie, die Enteignung des größeren landwirtschaftlichen Grundbesitzes und die spätere Zwangskollektivierung bestimmten bald – wie überall in der DDR – die Entwicklung des Landes, das im Jahre 1952 nach dem Willen der SED in die Bezirke Magdeburg und Halle zerfiel.

Die Demarkationslinie zwischen der amerikanisch-britischen und der sowjetischen Besatzungszone, die später zur Staatsgrenze zwischen der DDR und der Bundesrepublik wurde, trennte das Gebiet Sachsen-Anhalts von dem Niedersachsens auf einer Länge von 350 Kilometern. Eine historisch gewachsene Einheit wurde willkürlich zerschnitten und seit 1961 durch den Todesstreifen voneinander getrennt. Der Brocken, einer der berühmtesten Berge Deutschlands, war dadurch Niemandsland und nur noch für DDR-Grenztruppen und Angehörige der Sowjetarmee zugänglich.

Vor allem in den Industrieregionen um Halle, Wolfen und Bitterfeld wurde späte-

stens seit den 80er Jahren immer deutlicher, daß die DDR den wirtschaftlichen Wettlauf mit dem Westen nicht gewinnen konnte. Die Industrieanlagen, die vielfach noch aus der Vorkriegszeit stammten, wurden hemmungslos auf Verschleiß „gefahren" und verpesteten die Luft, den Boden und die Gewässer. Ganze Regionen wurden damit zu ökologischen Notstandsgebieten mit hohem Gesundheitsrisiko für ihre Bewohner. Doch Umweltdaten galten als Staatsgeheimnis.

Zum wirtschaftlichen Aufschwung der Harzregion trugen seit dem Mittelalter vor allem die reichen Vorkommen an Bodenschätzen bei. Die historische Abbildung zeigt die Scheidebank eines Silberbergwerks.

Nur ein kleines kirchliches Forschungsinstitut in Wittenberg führte – ständig im Visier der Stasi – Untersuchungen durch, deren Ergebnisse alarmierend waren. In Halle, Magdeburg, Wittenberg und vielen anderen Orten entstanden seit Anfang der 80er Jahre immer wieder Umwelt-, Friedens- und Bürgerrechtsgruppen, die sich mit dem Zustand der ostdeutschen Gesellschaft nicht abfinden wollten und jene Ideen verbreiteten, die im Herbst 1989 zum friedlichen Sturz der SED führten und die Wiedervereinigung Deutschlands ermöglichten.

Seit der Neukonstituierung Sachsen-Anhalts steht das Land vor den gleichen Problemen wie die übrigen neuen Bundesländer: Viele der überalterten Industrieanlagen wurden stillgelegt, ohne daß neue Arbeitsplätze in ausreichender Zahl entstehen konnten. Auch in den Bergbaugebieten des Mansfelder Landes schnellte die Arbeitslosigkeit sprunghaft in die Höhe. Doch diesen negativen Entwicklungen stehen auch positive Ansätze gegenüber: So hat sich die Umweltsituation erheblich verbessert, und der Verfall der Städte konnte aufgehalten werden. Ein wichtiger Aktivposten des Landes ist sein Reichtum an reizvollen Landschaften und Kulturdenkmälern. Ganz sicher wird die Bedeutung Sachsen-Anhalts im Bereich des Fremdenverkehrs in Zukunft noch zunehmen.

Fürst Leopold Friedrich Franz von Anhalt-Dessau schuf seit 1764 die großartige Parkanlage von Wörlitz. Nach dem Vorbild der englischen Landschaftsgärten, die der Fürst auf seinen ausgedehnten Studienreisen besucht hatte, vermittelt dieses „Gartenreich“ mit seinen Plastiken, Kleinarchitekturen, Brücken und Grotten den Eindruck ursprünglicher Natur. Dennoch ist es das Resultat umfassender gärtnerischer Planung im Geist der Aufklärung. Die inszenierte Natur schafft im Wandel der Jahreszeiten wechselnde Bilder, die beim Besucher des Parks ganz bestimmte Empfindungen auslösen sollen.

Um dieses schmale Fachwerkhaus unterhalb des Quedlinburger Burgberges rankt sich eine Legende, die sich auf eines der wichtigsten Ereignisse der frühen deutschen Geschichte bezieht: Just als er mit der Vogeljagd beschäftigt war, soll der Sachsenherzog Heinrich im Jahre 919 hier am „Finkenherd“ davon unterrichtet worden sein, daß man ihm zum deutschen König gewählt habe. Am Ort und an den Umständen sind Zweifel erlaubt, das historische Datum steht indes außer Frage: Der Vogelfänger von Quedlinburg ging als König Heinrich I. in die Geschichte ein.

15
83

Nüchtern betrachtet ist Fachwerk nur eine Bauweise, bei der man zunächst ein hölzernes Rahmenwerk erstellt, dessen einzelne Fächer später mit Lehm oder anderem Material ausgefüllt werden. Doch wer die Fachwerkstädtchen des Harzes besucht, bekommt die zauberhafte Ästhetik dieser Architektur eindringlich vor Augen geführt. Unsere Abbildung zeigt das Obergeschoß des „Café Wien“ in Wernigerode.

Hoch über der einstigen Kaiserpfalz Tilleda erhebt sich das Kyffhäuserdenkmal, das von 1890 bis 1896 von dem Architekten Bruno Schmitz erbaut wurde. An der Basis dieses vom Geist der Wilhelminischen Ära durchdrungenen Monuments sitzt – in das rötliche Gestein des Felses gemeißelt – der sagen- und bartumwobene Stauferkaiser Friedrich Barbarossa. Der Legende nach soll er bis zu dem Tag im Inneren des Berges ruhen, an dem die Raben ihn nicht mehr umkreisen. Dann sei die Einheit Deutschlands vollendet.

Den Autor kennt heute fast niemand mehr, sein Lied dagegen ist bekannt: „An der Saale hellem Strande stehen Burgen stolz und kühn“ dichtete der Kunsthistoriker Franz Theodor Kugler. Wir wissen sogar, wann und wo ihm diese Zeilen in den Sinn kamen: An einem schönen Tag des Jahres 1826 stand er auf der Rudelsburg hoch über der Saale und schaute hinüber zur Ruine der Burg Saaleck, durch deren Hallen der Wind pfiff. Geschichte, Landschaft, Architektur und Stimmung – alles paßte zusammen, und so dichtete Kugler jenes Lied, das die romantisch-verklärenden Deutschland-Klischees auf schaurig-schöne und höchst gemütvolle Weise verbindet:

An der Saale hellem Strande
stehen Burgen stolz und kühn;
ihre Dächer sind gefallen,
und der Wind streicht durch die Hallen,
Wolken ziehen drüber hin.

Zwar die Ritter sind verschwunden,
nimmer klingen Speer und Schild;
doch dem Wandersmann erscheinen
in den altbemoosten Steinen
oft Gestalten zart und mild.

Droben winken schöne Augen,
freundlich lacht manch roter Mund;
Wand'rer schaut wohl in die Ferne,
schaut in holder Augen Sterne,
Herz ist heiter und gesund.

Und der Wandrer zieht von dannen,
denn die Trennungsstunde ruft;
und er singet Abschiedslieder,
lebe wohl tönt ihm hernieder,
Tücher wehen in der Luft.

Eine Schulklasse hat es gerade gesungen, nicht so ganz tonrein und mit sehr viel weniger Andacht als die fünf alten Herren, die die Saale-Hymne eine halbe Stunde zuvor, beiderseits des Franz-Kugler-Gedenksteines stramm und mit Haltung aufgestellt, intoniert hatten. Ein bißchen eng ist es an warmen Maiwochenenden auf der Rudelsburg, und das Gedränge wird gegen die Mittagszeit immer größer, so daß man aufpassen muß, beim Vordringen zu einem der Aussichtsplätze an den Burgzinnen nicht von einer Currywurst beschmiert zu werden. Doch steht man erst einmal an der trutzigen Wehrmauer der 1172 gegründeten Burg, so wird man durch den Blick, der sich von hier aus eröffnet, reich belohnt. Nein, so gewaltig wie am Rhein ist es hier nicht, doch dafür um so lieblicher. Die Saale, die man eher als breiteren Bach denn als Strom bezeichnen kann, windet sich durch das Tal, das von hellen Muschelkalkfelsen begrenzt wird.

Die Wiesen erstrahlen im frischen Frühlingsgrün, Kirschbäume blühen, und das Dörfchen Kleinheringen sieht von hier oben so aus, als käme es aus einer Spielzeugkiste des 19. Jahrhunderts. Ein wenig flußaufwärts, jenseits einer Schlucht, grüßen die beiden Wehrtürme der Burg Saaleck herüber. Wer romantische Stimmungen liebt, hier an der burgen-, und sagenreichen Saale wird er auf seine Kosten kommen.

Eine der Saale-Legenden handelt von einem vergrabenen Schatz: Auf der Rudelsburg hauste einst ein arglistiger Raubritter, der mit Vorliebe vorbeiziehende Händler überfiel, sich ihrer Wertsachen skrupellos bemächtigte, um dieselben anschließend zu vergraben. In der nahen Handelsstadt Naumburg sah man dies mit Groll, doch mit Gewalt ließ sich dem Berufskriminellen nicht beikommen. Also sann man auf eine List.

So ergab es sich, daß die Naumburger Bürger mit einer Hexe, die sie im Turm gefangenhielten, einen Pakt zum gegenseitigen Vorteil schlossen. Demnach sollte die Hexe ihre Freiheit zurückerhalten, wenn sie den Naumburgern als Gegenleistung im Kampf gegen den Raubritter und dessen geschäftsschädigende Praktiken hülfe. Sie setzte sich also auf ihren Besen, flog auf kürzestem Weg zur Burg Saaleck und verwandelte sich im dortigen Stall in des Ritters Roß. Als dieser am nächsten Morgen ausreiten wollte, jagte das verhexte Pferd mit dem Ritter, der nicht wußte, wie ihm geschah, stracks nach Naumburg, wo man ihn sofort hinter Schloß und Riegel steckte. Den Schatz allerdings suchen die Naumburger bis heute vergebens.

Auch drüben auf Burg Saaleck sollen der Legende nach einst Raubritter gehaust haben. Zum letztenmal versteckten sich in den 20er Jahren Kriminelle in der verlassenen Burg: Nachdem zwei fanatisch rechtsextreme Antisemiten am 24. Juni 1922 den deutschen Außenminister Walther Rathenau erschossen hatten, suchten sie auf der Saaleburg Zuflucht, wurden dort aber entdeckt und begingen kurz vor ihrer Verhaftung Selbstmord.

Wer dem Lauf der Saale flußabwärts folgt, erreicht schon bald nach dem Kurort Bad Kösen, auf halbem Wege nach Naumburg, das berühmte Schulpforta. 1136 als Zisterzienserkloster St. Mariae de Porta gegründet, erlangte es seine eigentliche Bedeutung, nachdem der sächsische Kurfürst hier 1543 eine „Fürstenschule“ eingerichtet hatte. Dabei handelte es sich um eine Eliteschule, die allen Begabten, unabhängig von Einkommen und sozialem Stand, zugänglich war. August Wilhelm Schlegel, Friedrich Gottlieb Klopstock, Johann Gottlieb Fichte, Leopold v. Ranke und Friedrich Nietzsche gehörten neben vielen anderen zu den Zöglingen dieser geistigen Kaderschmiede. Wenn man das neugotische Torhaus aus dem Jahre 1854 durchschritten hat, findet man trotz vieler baulicher Veränderungen noch immer einige mittelalterliche Gebäude, darunter die im Kern hochgotische Klosterkirche.

Inmitten der lieblichen, von Alters her von Weinbau geprägten Saalelandschaft liegt Naumburg, die berühmte Dom- und einstige Bischofsstadt. Naumburg war seit Jahrhunderten ein wichtiger und reicher Handelsplatz. An der Westseite des erstaunlich großen Marktplatzes erhebt sich das repräsentative Renaissance-Rathaus aus dem frühen 16. Jahrhundert. Ringsum ist er von stolzen Bürgerhäusern gesäumt, und so fällt es nicht schwer, sich das bunte

Handelstreiben vorzustellen, das früher hier das Bild bestimmte, bis die Stadt der Konkurrenz mit dem Messeplatz Leipzig nicht mehr gewachsen war. Südlich des Marktes steht die spätgotische Stadtkirche St. Wenzel, zu deren prächtigen Kostbarkeiten die 1743 bis 1746 von Zacharias Hildebrandt erbaute und von keinem Geringeren als Johann Sebastian Bach geprüfte große Orgel gehört.

Für die Türmerin, eine der letzten, die in Deutschland noch ihren Dienst versieht, ist der Aufstieg über die enge Treppe ein tägliches Konditionstraining. Touristen, die an der Türmerwohnung und einer kleinen Ausstellung über die Geschichte dieses Berufes vorbei bis hoch zum kupfernen Turmhelm steigen, geraten meist außer Atem. Die Mühe lohnt sich, denn der Blick über die oft noch mittelalterlichen Dächer der Stadt kann weit über die Saalelandschaft schweifen bis hin nach Freyburg, der wichtigsten Weinstadt zwischen Saale und Unstrut.

Der Westlettner des Naumburger Domes wurde zur Bühne für die Passion Christi, die der Bildhauer mit enormer Dramatik und Expressivität in Szene gesetzt hat.

Doch ein Gebäude fesselt die Aufmerksamkeit besonders: der Dom St. Peter und Paul mit seinen vier steilaufragenden Türmen. Vom Turm der Wenzelkirche aus kann man die architektonische Konstruktion dieses gewaltigen Bauwerks klar erkennen. Die Westtürme erinnern mit ihren filigran durchbrochenen und von schlanken Säulen gerahmten Baukörpern an die berühmte Kathedrale im französischen Laon. Dazwischen spannt sich das große basilikale Schiff nach Osten, wo es wiederum, bevor es in einen langgestreckten Chor mündet, von zwei Türmen flankiert wird. Südlich davon kann man den großen Kreuzganghof mit der Klausur, der Marienkirche, dem Torhaus und der kleinen Dreikönigskapelle erkennen. Doch wir sollten unbedingt hinabsteigen, um die Kostbarkeiten des Domes von nahem zu sehen.

Der Dom, der zu den wichtigsten Sakralbauten in Deutschland zählt, hat eine lange und komplizierte Baugeschichte. Im Jahre 1028 wurde das Bistum Zeitz nach Naumburg verlegt, was der Stadt, die bereits fünf Jahre später ihre Handelsfreiheit erhielt, schnell zu Bedeutung verhalf. Erstmals wurde der Dom im Jahre 1042 geweiht. Von diesem Bauwerk blieb bis auf einige Mauerreste nichts erhalten. Von 1210 an begann eine Bauphase, in der zunächst die Ostteile entstanden. In den nächsten Jahrzehnten folgten das Querschiff, das Langhaus sowie die beiden Osttürme. Der frühgotische Westchor entstand um die Mitte des 13. Jahrhunderts. Wenden wir uns vom Schiff aus nach Westen, entdecken wir am Westlettner plastische Kunstwerke von enormer Schönheit und Ausdruckskraft.

Es sind dramatische Szenen, die die Passion Christi schildern. In den farbig gefaßten Reliefs ist u. a. die Einsetzung des Abendmahls, die Auszahlung der Silberlinge an Judas und die Gefangennahme Jesu dargestellt. In der Mitte des Portalbaus sieht man eine Kreuzigungsgruppe. Doch die schönsten und bekanntesten Bildwerke des Domes sehen wir erst, wenn wir durch den Lettner in den Westchor gelangt sind: Zwölf überlebensgroße Figuren der Stifter stehen an den Wänden des Chores auf Konsolen. Wie die Lettnerreliefs sind sie die Werke eines der berühmtesten mittelalterlichen Bildhauer, über dessen Herkunft und Leben jedoch buchstäblich nichts überliefert wurde. „Naumburger Meister“ wird dieser geniale Künstler genannt. Wenn sein Name fällt, denkt man vor allem an eine Frauengestalt, an Uta.

Uta von Ballenstedt, eine der Stifterinnen des Domes, war höchst unglücklich mit dem Markgrafen von Meißen, Ekkehart II., verheiratet. Der Naumburger Meister hat sie in makelloser Schönheit, mit anrührend zartem Gesicht und hochgeschlagenem Kragen dargestellt, ganz so, als müsse sie sich vor der Kälte des neben ihr stehenden Ehemannes schützen. Der Künstler hat die Schöne jedoch niemals gesehen, denn sie lebte, wie auch alle anderen im Chorraum dargestellten Stifter, gut 200 Jahre vor ihm.

Die farbigen Fenster aus dem 13. Jahrhundert gehören zum wertvollsten Bestand mittelalterlicher Glasmalerei in Deutschland. Von besonderer Schönheit sind auch die erhalten gebliebenen Fenster aus dem 14. und 15. Jahrhundert, die sich im Ostchor hinter dem hallenartigen Ostlettner befinden. Dieser grenzt die Krypta, die sich unter dem Querschiff und dem Chor erstreckt, zum Schiff hin ab.

Von Naumburg nach Weißenfels sind es kaum 20 Kilometer. Etwas südlich der Saale windet sich die alte, noch immer von Obstbäumen gesäumte Handelsstraße in zahlreichen Kurven den Berg hinauf, bis sie die benachbarte Stadt erreicht. Weißenfels, von 1680 bis 1746 Sitz der kursächsischen Nebenlinie Sachsen-Weißenfels, war einst eine hübsche Barockresidenz. Auf den ersten Blick erinnert heute in dieser Stadt, die schwer an ihrer jüngsten Vergangenheit als sozialistischer Industriestandort zu tragen hat, kaum etwas an jene große Zeit. Doch es lohnt sich, genauer hinzusehen.

Hoch über Weißenfels thront Schloß Neu-Augustusburg, eine mächtige frühbarocke Dreiflügelanlage, in der heute ein Schuhmuseum an den wichtigsten Industriezweig der Stadt erinnert. Im Nordflügel befindet sich die 1664 bis 1667 entstandene Schloßkapelle. Hierbei handelt es sich um einen tonnengewölbten Saal mit umlaufender Doppelempore. Die kostbare Stuckdekoration der Kapelle, die ab 1677 als eine Art Musterbau für protestantische Kirchenräume galt, schufen die Italiener Giovanni Carovero und Bartolomeo Quadri. Von der 1675 erbauten Orgel, die im 19. Jahrhundert umgebaut wurde und 1983 ein neues Werk erhielt, blieb der barocke Prospekt erhalten. An dieser Orgel soll, das bezeugt eine Gedenktafel im Schloßhof, das musikalische Talent des jungen Georg Friedrich Händel entdeckt worden sein.

In Weißenfels verbrachte nicht nur der Komponist Heinrich Schütz seine Kindheit, auch Friedrich Leopold Freiherr von Hardenberg zog 1787, im Alter von 15 Jahren, in die kleine Residenzstadt. Sein Vater hatte hier das Amt des Salinendirektors inne. Auch er selbst wirkte später in Weißenfels als kursächsischer Salinenbeamter, bevor er am 25. März 1801 mit nur 29 Jahren an einem Lungenleiden starb. In die Literaturgeschichte ist Friedrich von Hardenberg unter dem Namen Novalis als bedeutendster Dichter der deutschen Frühromantik eingegangen. Im Gartenpavillon seines Wohn- und Sterbehauses in der Klosterstraße 24 befindet sich eine Gedenkstätte für den Dichter, der mit seinem 1799 erschienenen Aufsatz „Die Christenheit oder Europa“ eine Programmschrift der romantischen Bewegung verfaßt hatte. Sein mit einer Büste geschmücktes Grab liegt auf dem Alten Friedhof, der inzwischen zum Stadtpark umgewandelt wurde.

Schnurgerade führt die Bundesstraße 91 von Weißenfels in nördliche Richtung, vorbei an der Industriestadt Leuna, nach Merseburg. Der jahrzehntelange bedenkenlose Ausbau der chemischen Industrie hat dazu geführt, daß die Gegend um Merseburg zu einer ökologischen Notstandsregion wurde. Gewiß gehört Merseburg, das im Krieg stark zerstört und während der DDR-Zeit mit gesichtslosen Plattenbauten verschandelt wurde, zu jenen Städten in Deutschland, denen am übelsten mitgespielt wurde. Doch Merseburg besitzt nicht nur rauchende Schlote und verrottete Industrieanlagen, die Stadt hat eine bedeutende Rolle in der Geschichte gespielt, von der noch einige architektonische Zeugnisse erhalten geblieben sind.

Die im Jahre 780 erstmals urkundlich erwähnte Stadt war ein wichtiger Missionsstützpunkt und Handelsplatz an der Saale-Elbe-Grenze des fränkischen Reiches. Um 930 erwählte Heinrich I. sie als Königspfalz, und Otto I. gründete 968

Eigentlich hieß er Friedrich Freiherr von Hardenberg (1772–1801), doch als bedeutendster Dichter der deutschen Frühromantik ging er unter seinem Pseudonym Novalis in die Literaturgeschichte ein. Das Grab des Dichters, der bereits im Alter von 29 Jahren starb, befindet sich im heutigen Stadtpark von Weißenfels.

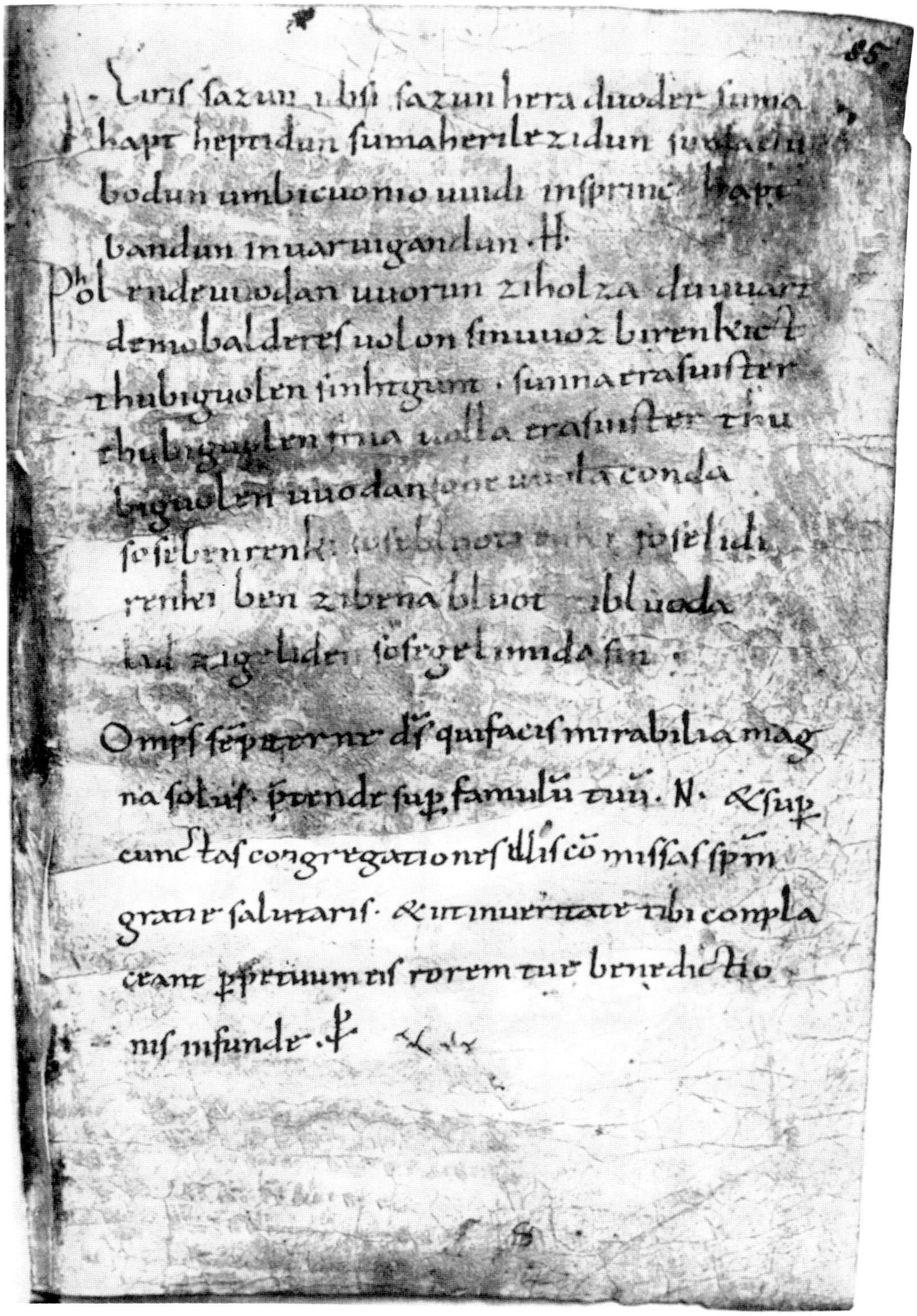
Eiris sazun idisi sazun hera duoder suma
hapt heptidun sumaheri lezidun sumaclu
bodun umbicuonio uuidi insprinc hapt
bandun inuar uigandun . H.
Phol ende uuodan uuorun zi holza du uuart
demo balderes uolon sin uuoz birenkict
thu biguolen sinhtgunt . sunna era suister
thu biguolen friia uolla era suister thu
biguolen uuodan so he uuola conda
sose benrenki sose bluotrenki sose lidi
renki ben zi bena bluot zi bluoda
lid zi geliden sose gelimida sin .
Omps sempiterne ds qui facis mirabilia mag
na solus pretende sup famulu tuu . N . & sup
cunctas congregationes illis cō missas spm
gratie salutaris . & ut in ueritate tibi compla
ceant perpetuum eis rorem tue benedictio
nis infunde .

Geheimnisvolle Schriftzeichen mit magischer Kraft: Die in Stabreime gefaßten Beschwörungsformeln der Merseburger Zaubersprüche sind das älteste Zeugnis der deutschen Literatur mit noch rein heidnischem Charakter. Die im 10. Jahrhundert entstandene Originalhandschrift wird in der Bibliothek des Merseburger Domkapitels aufbewahrt.

hier ein Bistum. Mehr als 20 Reichstage der deutschen Kaiser fanden zwischen 933 und 1213 in Merseburg statt. Im Stiftsarchiv des Domes wird ein ganz besonderer Schatz aufbewahrt: Es sind die „Merseburger Zaubersprüche", zwei althochdeutsche Zauberformeln, die aus dem 8. Jahrhundert stammen, im 10. Jahrhundert aufgeschrieben wurden und als die einzigen Zeugnisse der deutschen Literatur mit noch rein heidnischem Charakter gelten.

Hoch überragen am westlichen Saaleufer der Dom und das Schloß die alte Stadt. Die dreischiffige Domkirche, die anstelle eines romanischen Vorgängerbaus 1015 begonnen und in den folgenden Jahrhunderten vielfach verändert wurde, besitzt eine kostbare Ausstattung, zu der in der Westvorhalle ein spätgotisches Figurenportal gehört, auf dem die Büste von Heinrich II. mit einem Modell des Domes zu sehen ist. Das benachbarte Schloß ist eine Dreiflügelanlage, die in der Spätgotik begonnen und in der Renaissance vollendet wurde.

Wer nach Merseburg kommt, sollte auch den einige Kilometer weiter westlich gelegenen Kurort Bad Lauchstädt besuchen. Die Geschichte dieser kleinen Stadt reicht zwar bis ins 9. Jahrhundert zurück, Bedeutung erlangte Bad Lauchstädt jedoch erst seit 1700. In diesem Jahr entdeckte man hier nämlich heilkräftige Quellen, was zum schnellen Ausbau des Ortes zum Kurbad führte, das schon bald zu einem beliebten Treffpunkt des europäischen Adels wurde. Der berühmteste Lauchstädter Kurgast war zweifellos Johann Wolfgang v. Goethe. Der Geheimrat schätzte es offenbar, das Angenehme mit dem Nützlichen zu verbinden.

1802 übernahm er die Spielleitung des bereits 1785 als Weimarer Außenstelle eingerichteten Theaters. Im nördlichen Bereich der Kuranlagen ließ er nach den damals modernsten Gesichtspunkten der Bühnentechnik ein festes Theater bauen, das nach wie vor in den Sommermonaten bespielt wird. Heute ist es der einzige mitteleuropäische Theaterbau des Klassizismus, in dem eine voll funktionstüchtige spätbarocke Bühnenmaschinerie aus Holz erhalten blieb.

Wie sehr Goethe sein Lauchstädter Engagement geschätzt hat, geht aus einem Brief hervor, in dem er am 26. Juli 1826 an Johann Peter Eckermann schrieb: „Als ich mit Schiller dem Theater vorstand, hatten wir den Vorteil, daß wir den Sommer über in Lauchstädt spielten. Hier hatten wir ein auserlesenes Publikum, das nichts als vortreffliche Sachen wollte, und so kamen wir denn jedesmal eingeübt in den besten Stücken nach Weimar zurück."

An der Saale hellem Strande stehen Burgen stolz und kühn", dichtete der Kunsthistoriker und Schriftsteller Franz Kugler, als er im Jahre 1826 die Rudelsburg (links im Bild) besuchte. Auch wenn am jenseitigen Saaleufer Schnellzüge vorbeirasen, an der Rudelsburg und der Ruine der Burg Saaleck scheint die schaurigschöne Burgenromantik, die Kugler in seinem längst zum Volkslied gewordenen Gedicht so eindrucksvoll zu beschwören verstand, bis heute gegenwärtig zu sein.

Auf den Gemäuern einer mittelalterlichen Saaleburg wurde in der Mitte des 16. Jahrhunderts oberhalb der Stadt Bernburg dieses eindrucksvolle Renaissanceschloß erbaut. Bis zum Jahre 1863 diente das Schloß den Fürsten von Anhalt-Bernburg als Residenz, heute beherbergt das im 19. Jahrhundert teilweise klassizistisch umgestaltete Gebäude u. a. ein Museum.

Ein Gesicht, dessen Anmut und zarte Schönheit die Menschen seit Jahrhunderten fasziniert: Die Markgräfin Uta von Ballenstedt steht als Stifterfigur im Westchor des Naumburger Doms. Sie hat den Mantelkragen hochgeschlagen, als müsse sie sich vor der kalten Ausstrahlung ihres Ehemanns Ekkehard schützen. Der Künstler, der die Figuren im 13. Jahrhundert schuf, wird um die unglückliche Ehe der beiden gewußt haben. Gekannt hat er das Meißner Markgrafenpaar nicht, da Uta und Ekkehard gut zwei Jahrhunderte vor ihm gelebt haben. So wird die schöne Frau, die ihm anstelle von Uta einst Modell stand, ebenso im Dunkel bleiben wie der Name und das Schicksal dieses genialen Bildhauers, der als „Naumburger Meister“ in die Kunstgeschichte einging.

Wer hier am Ufer der Saale steht und hinüber zum Schloß und dem doppeltürmigen Dom St. Johannes und St. Laurentius blickt, könnte fast versucht sein, Merseburgs jüngere, wenig glückliche Geschichte zu vergessen. Doch es ist gut, daß dieser malerische Blick die Zerstörung des Zweiten Weltkriegs überdauert hat, denn er erinnert uns daran, daß Merseburg nicht nur an seinem Schicksal als ausgebeuteter Industriestandort trägt, sondern daß die Stadt, in der die „Merseburger Zaubersprüche" entstanden, eine bedeutende Rolle in der deutschen Geschichte gespielt hat.

Die Saale glänzte vor mir wie ein großer See, tausend kleine Sterne zitterten auf der ungewissen Oberfläche, ein leichter goldener Nebel ruhte über der ganzen Gegend, die Wogen der Saale tönten in der einsamen Nacht wie die Schritte eines Wanderers, bald wie Harfentöne, bald wie die Ruder eines Schiffes (...). Endlich stieg ich auf die Felsen, die schönste Gegend bei Giebichenstein, wie alles romantisch vor mir lag, mir war, als lebte ich in der fernsten Vergangenheit."

Der Dichter der Romantik, Ludwig Tieck, der diese emphatischen Zeilen an seinen Jugendfreund Wilhelm Heinrich Wackenroder schrieb, studierte seit 1792 in Halle Theologie, noch bevor er seine Berufung zur Poesie erkannt hatte. Die Saalegegend um Giebichenstein, die den jungen Mann so beeindruckte, liegt heute im nördlichen Bereich von Halle. Obwohl sich die Stadt schon lange bis hierhin ausgedehnt hat, blieb der romantische Reiz der Saaleaue bis heute bewahrt. Burg Giebichenstein stammt aus dem 10. Jahrhundert und war seit 968 Residenz der Erzbischöfe von Magdeburg. Im Dreißigjährigen Krieg zerstört, blieb die Oberburg als Ruine erhalten, während die gotische Unterburg aus dem 15. Jahrhundert in den 20er Jahren unseres Jahrhunderts als Kunstgewerbeschule wieder aufgebaut wurde.

Er wolle nur „Frieden stiften", sagte der Magdeburger Erzbischof, als er im Jahre 1484 – nicht weit von Giebichenstein entfernt – begann, am Saaleufer die trutzige Moritzburg zu erbauen. Mit dieser Äußerung bewies der hohe geistliche Herr, daß bereits im Mittelalter politische Rhetorik und politische Absichten mitunter nur wenig miteinander zu tun hatten. Denn in erster Linie ging es dem Bischof natürlich darum, den rebellischen Hallensern eine Zwingburg vor die Nase zu setzen, die ihnen die Lust auf Unruhen und Aufstände vergällen sollte. Allzulange hat das mächtige Bauwerk allerdings nicht gehalten, denn im Dreißigjährigen Krieg brannte die Anlage ab. Teile der Burg wurden später gesprengt, ein Bereich blieb als Ruine erhalten. Erst 1901 bis 1904 errichtete man unter Verwendung von Bauteilen anderer historischer Gebäude aus Halle den Süd- und Ostflügel wieder neu. Heute befindet sich hier ein bedeutendes Kunstmuseum, das über eine hervorragende Gemälde- und Grafiksammlung des Expressionismus verfügt.

Georg Friedrich Händel, neben Johann Sebastian Bach der wichtigste deutsche Komponist des Barock, wurde im Jahre 1685 in Halle geboren. In seinem Geburtshaus wird sein Leben und Schaffen mit einer umfangreichen Ausstellung gewürdigt.

Doch wenden wir uns nach Süden, der Innenstadt zu. Hoch ragen die markanten Rundgiebel des frühgotischen Domes über die Stadt. Die Hallenkirche wurde zwischen 1280 und 1330 von den Dominikanern als Klosterkirche erbaut. Die Renaissancegiebel, die in eigentümlichem Kontrast zu dem gotischen Baukörper stehen, gehen auf eine Umgestaltung aus dem 16. Jahrhundert zurück. Ebenfalls aus dem 16. Jahrhundert stammt die ehemalige Residenz, die sich dem Dom südlich anschließt. Am stärksten spürt man die einstige Bedeutung der mehr als 1.000 Jahre alten, durch Salzgewinnung und Handel reich gewordenen Stadt auf dem großen Marktplatz. Fünf Türme ragen hier in den Himmel. Der 84 Meter hohe Rote Turm entstand zwischen 1418 und 1506 als stolzes Bauwerk des städtischen Bürgertums: Ohne oder gar gegen die Bürger läuft in dieser Stadt nichts – diese Botschaft verkündet er, der den Zerstörungen der Jahrhunderte trotzig widerstanden hat. Die übrigen vier Türme gehören zur Marktkirche Unser Lieben Frauen, die ab 1529 anstelle zweier romanischer Vorgängerkirchen erbaut worden ist. Wer das Gotteshaus betritt, sollte den Blick zunächst nach oben richten, denn das dichtgewundene Netz- und Sterngewölbe der weiträumigen Hallenkirche gehört zu den beeindruckendsten Leistungen der späten Gotik auf diesem Gebiet. Von der wertvollen Ausstattung dieser Kirche sei vor allem die alte, 1664 von dem mitteldeutschen Meister Georg Reichel erbaute Orgel genannt. Auf diesem wertvollen und klangschönen Instrument spielte bereits Georg Friedrich Händel (1685–1759).

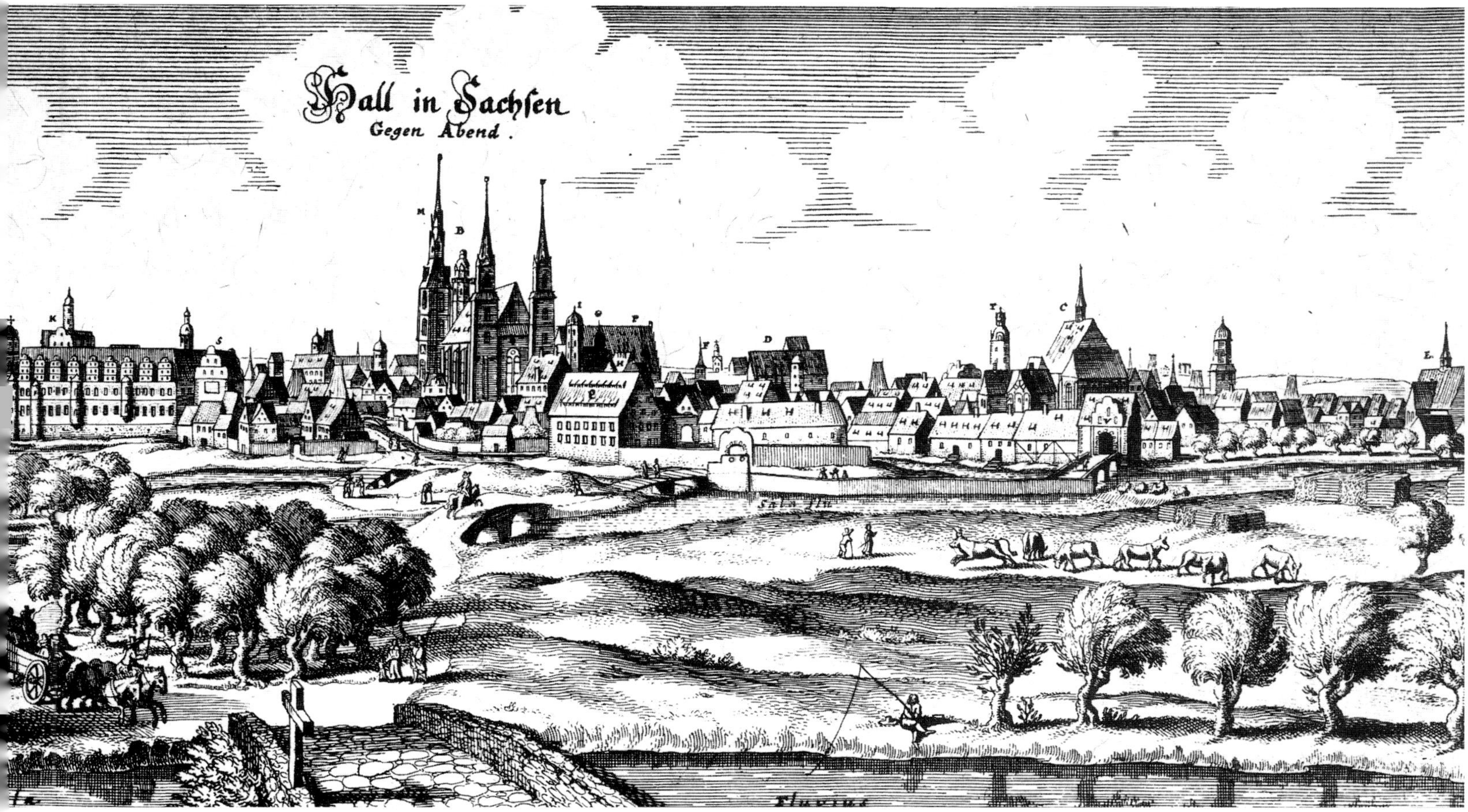

Daß Händel der berühmteste Sohn Halles ist, wird dem Besucher spätestens dann bewußt, wenn er auf der Ostseite des Marktplatzes das repräsentative Denkmal des Komponisten sieht. Seit 1858 steht er hier: stolz, würdig und mit seinen Erfolgen sichtlich zufrieden. Nicht weit von diesem Monument entfernt steht, einige Schritte nordwestlich des Marktes, jenes Haus, in dem Händel im Jahre 1685 – übrigens im gleichen Jahr wie sein berühmter Kollege Johann Sebastian Bach – geboren wurde. Es heißt – wie sollte es auch anders sein – heute „Händelhaus" und beherbergt eine Ausstellung zum Leben und Werk des bekannten Barockmeisters.

Der Kupferstich von Merian aus dem 17. Jahrhundert zeigt Halle als eine große und bedeutende Stadt. Einen besonderen Akzent in ihrer Silhouette bildet die viertürmige Marktkirche.

Durch die Gründung der Universität wurde Halle ab 1694 zu einem wichtigen geistigen Zentrum. Der bedeutendste Gelehrte der Saalestadt war August Hermann Francke. Der aus Lübeck stammende Theologe lehrte ursprünglich an der Leipziger Universität, galt dort jedoch als untragbar, nachdem er mit seiner radikalen pietistischen Haltung den gewohnten Lehrbetrieb durcheinanderbrachte. Francke, der alle weltlichen Eitelkeiten strikt ablehnte, fand schließlich in Halle (im heutigen Stadtteil Glaucha) eine Pastorenstelle und konnte gleichzeitig an der neugegründeten Universität Vorlesungen halten. Im Jahre 1695 begann er mit dem Aufbau einer Armenschule, zu der bald ein Waisenhaus und eine Lateinschule mit Internat hinzukamen. Die weit über Deutschland hinaus bekannten „Franckeschen Stiftungen", die sich hieraus entwickelten, bestehen noch heute.

Verlassen wir Halle auf der gut ausgebauten Bundesstraße 80 in westlicher Richtung, so bietet sich uns zunächst ein ernüchterndes Bild. Rechter Hand sehen wir die klotzigen Betonbauten von Halles Schwesterstadt. „Haneu" nannte der Volksmund Halle-Neustadt, eine der größten und trostlosesten Satellitenstädte des real existierenden Sozialismus. Etwa 100.000 Menschen wohnen hier in den genormten Neubauwohnungen aus der DDR-Zeit.

Wenig später wird die flache Landschaft nach und nach hügeliger, wir nähern uns dem Mansfelder Land. Rechts wird der Süße See sichtbar, an dessen Ostufer ein Schloß der Mansfelder Grafen steht. Ursprünglich befand sich dort eine Höhenburg, die bereits im Jahre 743 urkundlich erwähnt wurde und damit zu den ältesten Burgen im nördlichen Harzvorland gehörte.

Unser Weg führt nun direkt nach Eisleben. „Lutherstadt“ – mit diesem Beinamen schmückt sich der etwa 23.000 Einwohner zählende Ort nach seinem berühmtesten Sohn. In der Stadt, die bereits seit dem Jahre 810 besteht und im Laufe der Jahrhunderte durch Handel und Kupferbergbau zu Reichtum gelangte, wurde Martin Luther im Jahre 1483 geboren. 63 Jahre später starb er auch hier. Geburts- und Sterbehaus des Reformators blieben erhalten und gehören heute zu den wichtigsten Sehenswürdigkeiten Eislebens.

Mitten auf dem leicht ansteigenden, von schmucken Bürgerhäusern gesäumten Markt steht seit 1882 ein Lutherdenkmal. Man hat in Eisleben nicht nur Grund, stolz auf Luther zu sein, man sollte ihm vielmehr auch posthum noch danken. Nicht nur für die „Reformationstouristen“, die mit schöner Regelmäßigkeit Jahr für Jahr aus aller Welt anreisen, um in Eisleben etwas vom genius loci zu erschnuppern. Ohne Luther hätte Eisleben die Zeit der DDR-Herrschaft wohl kaum so gut überstanden. Vor allem im Vorfeld des 500. Geburtstags, den die DDR im Jahre 1983 mit Glanz und Gloria beging, zeigte sich die SED gegenüber der Lutherstadt ungewöhnlich großzügig: Als die Luthergäste im Herbst 1983 anreisten, erstrahlte die Stadt tatsächlich in frischen Farben, und zahlreiche Gebäude waren gründlich restauriert worden.

Hätte Luther, wenn er schon in Eisleben geboren wurde, nicht wenigstens bei uns sterben können – fragt sich so mancher Einwohner des nur etwa 15 Kilometer weiter westlich gelegenen Städtchens Sangerhausen. Dann hätte die Stadt, die sich zu Füßen von riesigen, pyramidengleichen Abraumhalden aus dem zur DDR-Zeit betriebenen, inzwischen jedoch eingestellten Kupferbergbau erstreckt, auch etwas vom großen Reformationskuchen abbekommen. Doch während damals die Mittel nach Eisleben flossen, bröckelten in Sangerhausen die Fassaden weiter ab. Dabei ist auch Sangerhausen eine Stadt mit langer Geschichte und höchst wertvoller Bausubstanz.

Der in fränkischer Zeit gegründete Ort wurde bereits im Jahre 840 im Hersfelder Zehntverzeichnis aufgeführt und etwa seit dem Jahre 1200 als civitas, als Stadt, bezeichnet. Noch aus romanischer Zeit stammt das bedeutendste Bauwerk Sangerhausens, die Klosterkirche St. Ulrich. Um 1100 stiftete der Thüringer Landgraf Ludwig der Springer diese Kirche, die bis zur Einführung der Reformation im Jahre 1540 zu einem Zisterziensernonnenkloster gehörte. Die Ulrichkirche ist eine romanische Pfeilerbasilika mit dreischiffigem Chor. Die Anlage weist darauf hin, daß hier nach dem benediktinischen Reformorden und der Hirsauer Schule gebaut wurde. Dadurch erhält St. Ulrich einen hohen kunsthistorischen Rang in der mitteldeutschen Architekturlandschaft.

Der langgestreckte Sangerhäuser Markt mit seinem spätgotischen Rathaus beeindruckt vor allem durch die Geschlossenheit seiner Bebauung. Die meisten der bürgerlichen Wohnhäuser stammen aus dem 16. bis 18. Jahrhundert. Von maßvoller Schönheit sind auch die Bürgerhäuser in einigen angrenzenden Straßen. An der Ostseite des Marktes erhebt sich die Jakobikirche, zu deren Ausstattung ein geschnitzter spätgotischer Kreuzigungsaltar aus der Zeit um 1500 gehört.

Vom Markt aus kann man die riesige Abraumhalde, die die ganze Stadt überragt, nicht übersehen. Sie ist ein Relikt aus jener Zeit, in der im Mansfelder Land noch Kupfer gefördert wurde.

Ursprünglich waren die Erzvorräte in der Gegend um Sangerhausen überaus reich, doch im 19. Jahrhundert gab man die Förderung angesichts der immer schwierigeren Abbaubedingungen und der gleichzeitig immer kärglicher werdenden Ausbeute wieder auf. Die rohstoff- und devisenarme DDR begann 1951 erneut mit der Förderung von Kupfererz. Die Einstellung der Kupfergewinnung, deren Kosten weit über den Weltmarktpreisen lag, war zwar aus wirtschaftlichen Gründen unumgänglich, führte jedoch zu einer überdurchschnittlich hohen Arbeitslosigkeit und den damit verbundenen sozialen Problemen.

Aus Zeiten, in denen es um die Wirtschaft der Stadt noch besser bestellt war, stammt eine weitere Sehenswürdigkeit: das Rosarium. Im Jahre 1903 eröffnete der Verein Deutscher Rosenfreunde diesen 12,5 Hektar großen Park, in dem man heute 6.500 verschiedene Gartenrosensorten, etwa 300 Wildrosenarten und mehr als 300 zum Teil sehr seltene Gehölze bewundern kann.

Westlich von Sangerhausen erstreckt sich das fruchtbare Gebiet der Goldenen Aue, die schon zum südlichen Harzvorland gehört. Die Bundesstraße 80 führt durch alte Straßendörfer wie Wallhausen, wo schon zu ottonischer Zeit eine Wasserburg stand. Wenn wir uns nach links wenden, sehen wir schon den gewaltigen Baukörper des Kyffhäuserdenkmals. Von dem kleinen Städtchen Roßla aus gelangt man über eine schmale Straße nach Tilleda. Das heute so idyllische Dorf geht auf eine Siedlung zurück, „die in der Zeit der germanischen Landnahme um die Mitte des letzten Jahrtausends v. Chr.“ entstanden ist, wie ein kunstgeschichtlicher Führer vermerkt.

Bedeutung erlangte Tilleda jedoch erst im 10. Jahrhundert, denn damals entstand hier eine Kaiserpfalz, die bis ins 13. Jahrhundert existierte. Als Pfalzen bezeichnet man die über das ganze Reichsgebiet verstreuten Wohnstätten, in denen sich die Kaiser bei ihren Reisen mit dem gesamten Hofstaat vorübergehend niederließen. Sie waren meist mit einem Gut verbunden und mußten die gesamte höfische Gesellschaft versorgen können. Erst in diesem Jahrhundert wurden bei umfangreichen Grabungsarbeiten Reste von Wehrmauern und verschiedene Bauteile der Vor- und der Hauptburg Tilledas entdeckt und freigelegt. Inzwischen sind auch einige Bereiche der Pfalz nach historischen Befunden rekonstruiert worden.

Tilleda liegt im Tal. Auf dem Berg, der sich darüber erhebt, entstand im 11. und 12. Jahrhundert die Reichsburg Kyffhausen, die dem Schutz der Kaiserpfalz dienen sollte. Die bereits auf thüringischem

Friedrich Barbarossa, Kaiser Rotbart oder Friedrich I. – der Staufer, der auf dieser um 1320 entstandenen Miniatur aus der Weingartner Liederhandschrift gemeinsam mit seinen Söhnen Heinrich VI. und dem Herzog Friedrich von Schwaben dargestellt ist, gehört gewiß zu den populärsten Herrscherfiguren der deutschen Geschichte.

Gebiet liegende alte Burg hat die Jahrhunderte nur als Ruine überdauert, doch als man nach der Reichsgründung nach nationalen Symbolen verlangte, kam sie erneut zu Ehren. Von 1890 bis 1896 baute man auf dem Burgberg das 81 Meter hohe Kyffhäuserdenkmal, das von dem Architekten Bruno Schmitz entworfen wurde, der auch das noch gewaltigere Leipziger Völkerschlachtdenkmal geschaffen hat. Das Denkmal ist Ausdruck der Wilhelminischen Zeit, die mit ihrem ebenso kolossalen wie vordergründigen Imponiergehabe heute recht fremd anmutet. Der Blick, der sich von der Krone des Monuments über das Kyffhäusergebirge, die Weite der Goldenen Aue bis in den Harz eröffnet, ist allerdings um so beeindruckender. Am Sockel reitet Kaiser Wilhelm I., der Großvater des Bauherren, höchstselbst. Darunter, an der Basis, sieht man den sagen- und bartumwobenen Kaiser Barbarossa aus dem rötlichen Stein gemeißelt. Kaiser Rotbart, oder wie er korrekt genannt werden müßte, Kaiser Friedrich I. aus dem Geschlecht der Staufer, war ein Mann mit steiler Karriere und tragischem Ende.

Um 1125 geboren, wurde er im Jahre 1152 deutscher König und 1155 Kaiser. Gemeinsam mit 3.000 Rittern begab er sich zum Kreuzzug ins Heilige Land, doch am 10. Juni 1190 war die Reise für ihn vorzeitig beendet: Er ertrank in dem Fluß Saleph auf dem Gebiet der heutigen Türkei. Von dort muß er – doch halt, hier beginnt schon die Sage – auf irgendeine Weise ausgerechnet hierher, zum Kyffhäuser, gekommen sein, um sich im Inneren des Berges für die nächsten Jahrhunderte auszuruhen. Hier wollte er so lange schlafen, bis die Raben nicht mehr den Berg umkreisen, denn dann sei Deutschland geeint. Eines Tages, so weiß die Sage zu berichten, war Barbarossa durch das fröhliche Lied eines Schäfers erwacht. Er ließ ihn durch einen diensthabenden Zwerg in das Innere des Berges hereinführen und fragte: „Fliegen die Raben noch um den Berg?“ Und als der Schäfer dies bejahte, rief der Kaiser aus: „Nun muß ich noch hundert Jahre länger schlafen.“ Ob die Raben noch immer fliegen?

Er steht dort, wie es dem berühmtesten Sohn der Stadt zukommt, auf dem Markt, mitten im Zentrum. Im Jahre 1685 wurde Georg Friedrich Händel in Halle an der Saale geboren. 1858 widmete ihm die Vaterstadt ein Denkmal, das ihn mit den Insignien eines Komponisten darstellt. Rechts neben ihm ist der Rote Turm sichtbar, im Hintergrund die viertürmige Marktkirche.

Die im Jahre 840 erstmals im Hersfelder Zehntverzeichnis erwähnte Stadt Sangerhausen hat noch viel von ihrem historischen Gepräge bewahren können. So gibt es viele enge Gassen mit malerischen Durchblicken. Die schönsten Bürgerhäuser findet man am Markt: Vom Brunnen aus sind es nur ein paar Schritte, bis man die Jakobikirche erreicht. Die dreischiffige Hallenkirche entstand im 14. und 15. Jahrhundert.

Buchhandlung am Markt

Mit Recht nennt sich Eisleben, das seine reizvolle Dach- und Turmlandschaft in der Weite des Mansfelder Landes ausbreitet, Lutherstadt: 1483 wurde der Reformator hier geboren, und 1546 starb er auch in den Mauern seiner Geburtsstadt, in die er gerufen worden war, um die Erbstreitigkeiten der Mansfelder Grafen zu schlichten. Das Geburtshaus und das Sterbehaus gehören ebenso zu den historischen Sehenswürdigkeiten der kleinen, aber weltberühmten Stadt wie die gotische Marktkirche St. Andreas, in der Luther zwei Tage vor seinem Tod zum letztenmal predigte.

Hoch über dem Städtchen Mansfeld, in dem Martin Luther seine Kindheit verbrachte, erhebt sich das Schloß der Mansfelder Grafen. Trutzige Mauern erinnern noch an das 17. Jahrhundert: Damals wurde die alte Burg zu einer der mächtigsten Festungsanlagen Mitteldeutschlands ausgebaut, um in den Wirren des Dreißigjährigen Krieges bestehen zu können. Doch die Zeiten wurden friedlicher. So sprengte man einen Teil der Wehranlagen und legte statt dessen Wert auf Wohnlichkeit. Aus der Burg entstand ein Schloß, das den Grafen von Mansfeld bis 1780 als Residenz diente.

Inmitten dichter Laubwälder schmiegt sich diese Burg an den Hang. Im 13. Jahrhundert erbaut, fiel die unweit von Mansfeld an der Wipper gelegene Rammelburg einem Brand zum Opfer und verlor damit ihre militärische Bedeutung. Erst später wurde sie für Wohnzwecke wieder aufgebaut.

Als Anno 1525 Freitags nach Ostern Luther Stolberg besuchte und mit seinem Freunde Reifenstein auf diesen Berg spazierte, verglich Er die Stadt Stolberg gar fürglich einem Vogel. Das Schloß meinte Er, wäre der Kopf, der Markt der Rumpf, die beiden Gassen die Flügel, die Niedergasse der Schwanz." Eine Stadt, die aus der Vogelperspektive die Gestalt eines Vogels annimmt: Dieser auf einer Tafel an der Lutherbuche hoch über dem kleinen Harzstädtchen vermerkte Vergleich ist ebenso verblüffend wie zutreffend. Wer den steilen Weg über die 200 Stufen der „Himmelsleiter" zur Lutherbuche hinauf auf sich nimmt, kann von dort aus die Fachwerkstadt noch genauso sehen, wie der Reformator vor fast einem halben Jahrtausend.

Die Schönheit des so reizvoll im Tal liegenden Städtchens hat sich als beständig erwiesen. Weder Krieg noch Mißwirtschaft konnten daran etwas ändern. Schneller als anderswo ist in Stolberg die Erinnerung an das Grau sozialistischer Zeiten verblaßt. Schon während der DDR-Jahre war Stolberg besser gepflegt und restauriert worden als andere Orte. Als hilfreich erwies sich auch hier ein bedeutender Altvorderer der Stadt: der radikale Reformator und Gegner Luthers, Thomas Müntzer. Ausgerechnet das Haus, in dem Müntzer, den die DDR als frühen Vorläufer des Kommunismus in ihre Ahnengalerie aufgenommen hatte, um 1490 geboren worden war, wurde durch einen Brand im Jahre 1851 vollständig vernichtet. Thomas Müntzer ist in Stolberg dennoch gegenwärtig. Mitten auf dem Markt wurde noch kurz vor der Wende ein interessantes Denkmal für den mittelalterlichen Rebellen errichtet.

An den dreieckigen Marktplatz grenzt auch das Rathaus, ein langgestrecktes dreistöckiges Gebäude mit hohem Satteldach, das durch zweimalige Abwinkelung dem gebogenen Straßenverlauf angepaßt wurde. Es erhielt seine heutige Gestalt in der Zeit um 1600 und ist eines der schönsten Renaissance-Rathäuser der Harzgegend. Daher ist es wohl auch das am meisten fotografierte Gebäude der Stadt. Die Fachwerkfassade ist mit einer schönen Sonnenuhr geschmückt; eine Innentreppe hielten die Erbauer jedoch für entbehrlich. So müssen bis heute die Ratsherren die Außentreppe benutzen, über die wir auch zur St. Martini-Kirche gelangen, die sich auf einem Plateau des Schloßberges über die Stadt erhebt, jedoch trotzdem noch weit unterhalb des fürstlichen Schlosses liegt.

Die Kirche, die sich mit ihrem dunklen Schieferdach wirkungsvoll von den roten Ziegeldächern der Stadt abhebt, wurde von 1484–1490 als spätgotische Basilika erbaut. Doch steigen wir weiter hinauf zum Schloß, das hoch über Stolberg thront. Wahrscheinlich schon im 10. Jahrhundert als Schutzburg für den Reichshof im nur unweit entfernten Rottleberode errichtet, wurde es im 16. Jahrhundert zur Renaissanceanlage umgebaut. Mit dem klassizistischen Roten Salon blieb eine der wenigen innenarchitektonischen Gestaltungen des Berliner Baumeisters Karl Friedrich Schinkel erhalten. Das Schloß war der Sitz der Grafen zu Stolberg. Während ihrer jahrhundertewährenden Herrschaft ist das durch Silber- und Kupferbergbau zu Wohlstand gekommene Städtchen also Residenz eines kleinen Fürstentums gewesen.

Schinkel hat den Harz mehrfach besucht und hier auch manche bauliche Spur hinterlassen. Eine nur unweit liegende interessante technische Konstruktion geht auf diesen bedeutendsten deutschen Architekten des Klassizismus zurück: 350 Eichen mußten gefällt werden, damit das von ihm entworfene hölzerne Doppelkreuz auf dem nordöstlich von Stolberg gelegenen Großen Auerberg aufgestellt werden konnte. Da sich Holz im rauhen Harzklima als nicht beständig genug erwies, ersetzte man das Schinkelsche Kreuz im Jahre 1896 durch eine Stahlkonstruktion. Das schon von weitem sichtbare Josephskreuz erhebt sich 38 Meter über den 579 Meter hohen Großen Auerberg. Für Leute mit Höhenangst ist der Aufstieg nicht ratsam, doch wer erst einmal die luftige Plattform erreicht hat, dem liegt bei guter Sicht der gesamte Harz zu Füßen – ein überwältigendes Panorama!

Vom Auerberg aus führt uns der Weg weiter in Richtung Nordosten nach Harzgerode, ein bereits im Jahre 944 als Marktsiedlung erwähntes Städtchen mit gut erhaltenem historischem Zentrum. Dort steht ein Renaissanceschloß, das in der Mitte des 16. Jahrhunderts anstelle einer alten Burg errichtet worden ist. Wer sich für die Geschichte der Burg und des Ortes interessiert, sollte die im Schloß eingerichtete Heimatstube besuchen. Der Orts-

Schloß Ballenstedt mit dem Schloßteich ist auf dieser reizvollen Aquarellminiatur von Bertha von Kügelgen (1828–1853) zu sehen. Sie war eine Tochter des Malers Wilhelm von Kügelgen, der 34 Jahre in Ballenstedt lebte und vor allem durch seine „Jugenderinnerungen eines alten Mannes" bekannt geworden ist.

teil Alexisbad liegt nur etwa vier Kilometer weiter westlich im landschaftlich höchst reizvollen Selketal. Am besten läßt man den Wagen stehen und fährt mit der Selketalbahn, einer der noch immer mit Dampfkraft angetriebenen Schmalspurbahnen des Harzes. Schon nach kurzer Zeit hat man den Ort mit seinen stilvollen Kuranlagen aus der ersten Hälfte des 19. Jahrhunderts erreicht.
Etwa 30 Kilometer entfernt liegt am Rand des nördlichen Unterharzes Ballenstedt. Der Ort erhielt erst Mitte des 16. Jahrhunderts die Stadtrechte und wurde von 1765 bis 1863 Residenz der Herzöge von Anhalt-Bernburg. Das barocke Schloß, dessen Park von Peter Joseph Lenné gestaltet wurde, zeugt davon. Schon als Kind hatte der Maler Wilhelm von Kügelgen einige Zeit hier verbracht. Im Jahre 1833 ließ er sich in jener Stadt nieder, in der er seine berühmten „Jugenderinnerungen eines alten Mannes“ geschrieben hat. Im Heimatmuseum ist dem Maler und Kammerherrn wider Willen, der 1867 in Ballenstedt starb, ein Raum gewidmet.
Gernrode wurde nach dem Markgrafen Gero genannt, der hier im 10. Jahrhundert eine Burg erbaute und damit den heute so beliebten Ferienort gründete. Wenn der Name Gernrode fällt, muß natürlich die berühmte Stiftskirche St. Cyriakus erwähnt werden, die zu den bedeutendsten romanischen Bauwerken in Deutschland gezählt wird. Die dreischiffige kreuzförmige Basilika mit flacher Decke stammt aus ottonischer Zeit. Sie war ursprünglich Bestandteil des im Jahre 961 gegründeten Benediktiner-Damenstiftes und ist die älteste Kirche Ostdeutschlands. Obwohl sie in den folgenden Jahrhunderten mehrfach umgebaut wurde, blieben ihre romanischen Formen weitgehend erhalten. Dem Westwerk aus der Mitte des 12. Jahrhunderts und dem kurzen Querhaus schließen sich das basilikale Schiff und die Chorapsis als älteste Bauteile an. Die Apsis wird von zwei schlanken Türmen flankiert, die der Kirche ihr charakteristisches Äußeres verleihen.
Die Gernroder Stiftskirche ist auch der älteste Sakralbau der deutschen Romanik mit einfachem Stützenwechsel. Diese für die romanische Baukunst typische Erscheinung bedeutet einen Wechsel zwischen Pfeilern und Säulen. Der architektonische Reiz dieses Stützenwechsels an den beiden Seiten des Langhauses ergibt sich aus dem Kontrast zwischen den massigen Pfeilern und den schlanken Säulen, deren korinthische Kapitelle reich verziert sind. Zu den wichtigsten Ausstattungsstücken der Kirche gehört das Heilige Grab im südlichen Seitenschiff, das zwischen 1000 und 1100 dem Grab Christi in Jerusalem nachgebildet wurde.
Kunststadt, Kaiserstadt, Fachwerkstadt – für das sechs Kilometer nördlich von Gernrode gelegene Quedlinburg ließen sich viele schmückende Beinamen finden. Tatsächlich stellt Quedlinburg mit seiner Geschichte und Architektur die meisten anderen Harzstädte in den Schatten. Hier, am Finkenherd, erfuhr im Jahre 919 Heinrich I. von seiner Wahl zum deutschen König. Selbstverständlich ist diese historische Begebenheit an entsprechender Stelle auf einer Gedenktafel vermerkt. Kaiserstadt ist Quedlinburg natürlich schon längst nicht mehr, dafür gehört es heute den Touristen. Sie besuchen seinen historischen Kern, flanieren durch seine engen Gassen, bewundern den Markt mit seinem zweigeschossigen Renaissancerathaus, besichtigen St. Ägidien, St. Benedikti, St. Blasii, St. Nikolai und vielleicht auch noch die frühere Prämonstratenserkirche St. Wiperti.
Nachdem man sich im Ratskeller oder einem anderen mehr oder minder historischen Gasthaus gestärkt hat, geht es hoch auf den Münzenberg, auf dessen Rücken sich das gewaltige Schloß und die Stiftskirche mit ihrer Doppelturmanlage majestätisch über die Stadt erheben. Die Stiftskirche St. Servatius ist eine dreischiffige Basilika aus dem 11. bis 12. Jahrhundert. Hier befindet sich das Grab Heinrichs I. und seiner Gemahlin Mathilde. In der Sakristei wird der erst seit 1993 wieder vollständige Domschatz aufbewahrt.
An dieser Stelle muß eine Kriminalgeschichte erzählt werden, die bis in das Frühjahr 1945 zurückreicht: In den letzten Tagen des Zweiten Weltkriegs machten sich amerikanische Besatzungstruppen auf, um den in ein Bergwerk ausgelagerten berühmten Quedlinburger Domschatz zu bergen. Dabei gelang es dem aus Texas stammenden Oberleutnant Joe Meador,

Hoch über der turmreichen Stadt erhebt sich ihr Wahrzeichen, der Schloßberg mit der Stiftskirche St. Servatius. Diese Ansicht von Quedlinburg entstand im 17. Jahrhundert. Da die Harzstadt von Kriegen und Bränden weitgehend verschont blieb, ist ihr mittelalterlicher Charakter bis heute erhalten.

der dank seines Kunstgeschichtsstudiums den Wert der Gegenstände sofort erkannte, wichtige Teile an sich und auf bis heute nicht endgültig geklärte Weise in die USA zu bringen.

Zu seinem Diebesgut gehörten unter anderem ein Evangeliar aus dem 10. Jahrhundert, der sogenannte Kamm Heinrichs I., wertvolle Gegenstände aus Bergkristall, ein Reliquienkästchen aus Elfenbein und anderes mehr. Jahrzehntelang galt der Schatz als verschollen. Schließlich gelang es engagierten Kunst-Fahndern, die Spur zu finden. Sie führte in die texanische Kleinstadt Whitewright, wo der Bruder des 1980 gestorbenen Diebes ein Geschäft betrieb. Schon mehrfach hatte er versucht, Teile des Schatzes zu Geld zu machen, wobei er immer darauf hinwies, er habe die Kostbarkeiten von seinem Bruder geerbt, der sie 1945 in einem deutschen Straßengraben gefunden hätte. Nach langen und zähen Verhandlungen kam es im Jahre 1991 zwischen den Meador-Erben und der Kulturstiftung der Länder zu einem Vergleich, der die Rückführung des Schatzes nach Quedlinburg ermöglichte.

Im September 1993 war es dann soweit: In einem Festgottesdienst, an dem viel Prominenz aus Politik und Kultur teilnahm, wurde die glückliche Heimkehr des Schatzes gefeiert, der nun wieder komplett besichtigt werden kann.

Goethe beschrieb die „klassische Walpurgisnacht" im Faust II, und zahlreiche Sagen wissen von den Brockenhexen zu berichten, die es heute nur noch in sehr verkleinertem Maßstab, als Souvenir, zu kaufen gibt. Eine schauerliche Sage gilt es hier zu überliefern: Irgendwann, vor ziemlich langer Zeit, als der Harz noch vom Geschlecht der Riesen bewohnt wurde, hatte der Riesen-Ritter Bodo die überaus attraktive Riesen-Königstochter Emma kennengelernt und war ob ihrer schönen Gestalt in Leidenschaft entbrannt. Leider wurde dieselbe von Emma nicht geteilt. Da alle Minnedienste nicht fruchten wollten, riß Bodo eines Tages der Geduldsfaden: Nun wollte er Emma mit nackter Gewalt erobern. Die Schöne sprang jedoch auf ihr Pferd und versuchte zu fliehen. Der ebenfalls berittene Bodo stürmte hinterher.

Der Zufall wollte es, daß sich die beiden dem verwunschenen Hexentanzplatz näherten. Nur noch wenige Meter trennten die fliehende Emma von dem gähnenden Abgrund. Doch sie hielt ihr Pferd nicht zurück, sondern ließ es zum großen Sprung über das Bodetal ansetzen. Und tatsächlich – das edle Tier schaffte den gewaltigen Satz über die Tiefe hinweg. Emma war gerettet, nur ihre goldene Krone war ins Tal hinabgefallen. Bodo stürzte in die gähnende Tiefe und wurde – kaum unten angekommen – in einen schwarzen Hund verwandelt, der von nun an bis in alle Ewigkeit die Krone der Königstochter zu bewachen hatte. Nach ihm wurden zum Trost der kleine Fluß und damit das Tal benannt: das Bodetal.

Wer mit der Seilbahn vom Hexentanzplatz hinunterfährt und von dort aus den Berg zur Roßtrappe erklimmt, kann seine Zweifel am Wahrheitsgehalt der schaurigen Sage zerstreuen: Dort ist nämlich ganz deutlich der Hufabdruck im Granitfelsen zu sehen, den das Riesenroß der Königstochter bei der wohl nicht so ganz sanften Landung jenseits des Talschlundes hinterlassen hat.

Aber auch in unserer nüchternen und riesenlosen Zeit ist das Bodetal noch faszinierend. Immer neue Ausblicke eröffnen sich dem Besucher vom Hexentanzplatz und der gegenüberliegenden Roßtrappe aus auf die wildromantische Felslandschaft, in deren tief eingeschnittenem Tal die Bode lieblich plätschert.

Nordwestlich von Thale liegt Blankenburg, eine reizvolle Kleinstadt, die Anfang des 18. Jahrhunderts Residenz eines winzigen Fürstentums war und später zu einem beliebten Rheumabad wurde. 1796 lebte hier für mehr als ein Jahr der Graf von Provence, der später als Ludwig XVIII. auf dem Thron Frankreichs saß. Ansonsten wurde jedoch in Blankenburg keine Geschichte geschrieben. Die Stadt mit ihrem Renaissance-Rathaus, dem 1705–1708 erbauten Barockschloß und den vielen Fachwerkhäusern hat etwas Behäbiges, so wie es Ruhe und Entspannung suchende Kurgäste schätzen.

Keineswegs entspannend war dagegen einst die Begegnung mit den Regensteiner Grafen, die als Raubritter und Wegelagerer im Nordharz ihr Unwesen trieben. Die nicht weit von Blankenburg entfernte Burg Regenstein war nur eine von zwölf Burgen, die dem Raubrittergeschlecht bis ins 15. Jahrhundert hinein als Stützpunkte

Hexen, Geister und als vierhörniger Bock Satan selbst: Das geheimnisvolle Treiben der Walpurgisnacht, das hier auf einem Holzstich aus dem 19. Jahrhundert dargestellt ist, hat der Sage nach seine Schauplätze auf dem Brocken und dem Hexentanzplatz hoch über dem Bodetal.

dienten. Inzwischen ist sie, auf einer frühgeschichtlichen Anlage im 12. Jahrhundert errichtet, zwar längst Ruine, doch blieben genügend Reste erhalten, die einen Besuch dieser sagenumwobenen Gemäuer lohnend machen. Sagenhaft ist auch ein einzigartiges Naturdenkmal unweit von Blankenburg, für dessen Entstehen frühere Generationen nur einen verantwortlich machten: den Teufel. Wer, wenn nicht der Leibhaftige selbst, hätte denn auch diese Mauer aus gewaltigen Steinen errichten können, die südöstlich von Blankenburg beginnt und sich bis kurz vor Timmenrode erstreckt?

Wernigerode ist gewiß einer der bekanntesten Orte des Harzes. Die heute etwa 35.000 Einwohner zählende Stadt mit ihren engen Gassen und oft jahrhundertealten malerischen Fachwerkhäusern wird auch die „bunte Stadt am Harz“ genannt. Berühmt ist das Rathaus mit seiner großen Freitreppe, die von zwei spitz auslaufenden Türmen gerahmt wird. Überall findet man hier malerische Fachwerkhäuser wie aus dem Bilderbuch. Weithin sichtbar ist das Schloß auf dem Agnesberg hoch über der Stadt. In diesem Schloß, das aus einer Burg hervorging und im Laufe der Jahrhunderte zunächst barock und später historistisch umgebaut wurde, residierten einst die Grafen von Stolberg-Wernigerode.

Heute ist es als Museum zugänglich; die 37 original erhaltenen Schauräume sollen die Entwicklung der höfischen Wohn- und Lebenskultur dokumentieren. Schon allein wegen der Aussicht lohnt sich der Aufstieg. Wenn wir hier oben stehen, sehen wir nicht nur auf die Gassen und Plätze der schönen Fachwerkstadt, wir sehen auch die spielzeuggleichen Wagen und schnaufenden Dampflokomotiven der Harzquerbahn.

Bahnhof Wernigerode: Sieben der rot-gelben Wägelchen mit offenen Bühnen warten am Bahnsteig. Da kommt die Lokomotive, ein kleines, schwarzes, fauchendes und rauchendes Ungeheuer. Die Puffer prallen aufeinander, durch die Wagen geht ein Ruck, dann werden sie angespannt: Die Harzquerbahn steht zur Abfahrt bereit. Der erste Streckenabschnitt dieser landschaftlich wohl reizvollsten ostdeutschen Schmalspurtrasse wurde im Jahre 1897 in Betrieb genommen. Die gesamte Strecke, die mit einer Länge von 61 Kilometern Wernigerode am Nordrand des Harzes mit der thüringischen Stadt Nordhausen verbindet, war 1899 vollendet.

Die Wagen rucken an und setzen sich ächzend in Bewegung. Die gemächliche Fahrt versetzt nicht nur Eisenbahnnostalgiker in Entzücken. Wer am Fenster oder von der offenen Plattform aus die Harz-Landschaft gemächlich vorüberziehen sieht, wähnt sich in eine Zeit zurückversetzt, in der die tägliche Hast noch nicht zur Tugend verklärt worden war.

Die Harzquerbahn fährt über zwei Orte, deren Namen die jüngere Vergangenheit zu beschwören scheinen: Elend und Sorge. Zu DDR-Zeiten durfte man hier wegen der Grenznähe nur mit einer besonderen Genehmigung aussteigen. Nach 15 Kilometern haben wir „Drei Annen Hohne“ erreicht und müssen umsteigen. Während der Zug in Richtung Nordhausen weiterdampft, besteigen wir die Brockenbahn, die noch als Nebenstrecke betrieben wird.

Die Strecke ist steil und die Lokomotive, die unter Fauchen und Zischen noch einmal frisches Wasser genommen hat, kämpft hart gegen die Steigung an. Nachdem wir den beliebten Kurort Schierke passiert haben, erreichen wir nach einstündiger Fahrzeit den Brocken.

Seit dem Mittelalter beschäftigte der angeblich von Geistern und Hexen bevölkerte Berg die Phantasie der Menschen. Schon im 19. Jahrhundert zog der Brocken Dichter und Maler, aber auch einfache Wanderer an. Nur während der DDR-Zeit war der Brocken ein Un-Berg: unzugänglich, ungenannt und dadurch beinahe unwirklich. Der Grund lag auf der Hand, zumal der Berg im Sperrgebiet, hart am Eisernen Vorhang, lag. Bis zum Herbst 1989 war der mit 1.142 Metern höchste Harzgipfel nur den DDR-Grenztruppen sowie ostdeutschen und sowjetischen Geheimdienstingenieuren zugänglich, die hier oben ihre Horchanlagen in Richtung Bundesrepublik ausgerichtet hatten.

Doch dieses konspirative Treiben fand mit dem Fall von SED und Grenze ein schnelles Ende. Nur wenige Tage nach dem 9. November 1989 nahmen die Menschen den Brocken wieder in Besitz.

Grund genug, sich an Zeiten zu erinnern, in denen es hier noch ruhiger und friedlicher zuging als in der jüngsten und jüngeren deutschen Vergangenheit. Im Jahre 1777 zum Beispiel, als Johann Wolfgang v. Goethe hier war und an Charlotte v. Stein über sein Brocken-Erlebnis schrieb: „Ich trat ans Fenster, und er lag vor mir wie mein Gesicht im Spiegel. Da ging mir das Herz auf, und ich rief: Und ich sollte nicht hinaufkommen!“ Er sollte doch. Nach der anfangs erfolglosen Suche fand der Geheimrat einen Führer, so daß er den Berg „mit Freudentränen“ besteigen konnte. „Ich hab's nicht geglaubt bis auf der obersten Klippe“, notierte er dann: „Alle Nebel lagen unten, und oben war herrliche Klarheit, und heute nacht bis früh war er im Mondschein sichtbar und finster auch in der Morgendämmerung, da ich aufbrach.“

Heinrich Heine, der 1824 während seiner „Harzreise“ ebenfalls den Brocken bestieg, konnte sich schon auf halber Höhe der Gedanken „an die ergötzlichen Blocksberggeschichten“ nicht erwehren. „Mir war immer“, schrieb er, „als ob der Pferdefuß neben mir hinauf klettere, und jemand humoristisch Atem schöpfe. Und ich glaube, auch Mephisto muß mit Mühe Atem holen, wenn er seinen Lieblingsberg ersteigt; es ist ein äußerst erschöpfender Weg, und ich war froh, als ich endlich das langersehnte Brockenhaus zu Gesicht bekam.“

Aber wie Heine uns in seiner „Harzreise“ anvertraut, war der touristische Rummel schon zu dieser Zeit hoch entwickelt. Zwar zeigt sich der Dichter beeindruckt, wenn er schreibt: „Der Brocken ist ein Deutscher. Mit deutscher Gründlichkeit zeigt er uns klar und deutlich, wie ein Riesenpanorama, die vielen hundert Städte, Städtchen und Dörfer, die meistens nördlich liegen, und ringsum alle Berge, Wälder, Flüsse, Flächen unendlich weit.“ Auch der Sonnenuntergang läßt sich noch mit Andacht genießen, obwohl Heine da schon sichtlich unter dem Eindruck einer hübsch anzusehenden Nürnbergerin steht. Der Abend endet schließlich im Brockenhaus mit einem Besäufnis amüsierwütiger Studenten, und von der romantischen Ehrfurcht vor der Würde des Berges ist nichts mehr zu spüren. Schon damals war der ehrwürdige Brocken also den zweifelhaften Begleiterscheinungen des Tourismus ausgesetzt.

Wie ein Märchenschloß aus dem Bilderbuch mutet diese Burg an, die auf dem Agnesberg oberhalb der Harzstadt Wernigerode thront. Die im 12. Jahrhundert entstandene Burganlage, die vier Jahrhunderte später in Stolberger Besitz überging, wurde zum barocken Wohnschloß umgebaut und im 19. Jahrhundert historistisch rekonstruiert und erweitert. Im Jahre 1949, nach der Enteignung, richtete man hier ein Museum ein, das zahlreiche historische Schau-, Prunk- und Wohnräume umfaßt.

Seinen Ruf als die „bunte Stadt am Harz“ verdankt Wernigerode vor allem seinen märchenhaft schönen Fachwerkhäusern. Am reizvollsten ist gewiß das Rathaus, das ursprünglich als Spielhaus entstand, im Jahre 1427 der Stadt geschenkt wurde und seine heutige Gestalt in den Jahren 1494 bis 1498 durch den Baumeister Thomas Hilleborch erhielt. Da es an der Schmalseite des Marktes steht, der Breite der Schauseite also enge Grenzen gesetzt waren, legte man besonderen Wert auf die kostbare Gestaltung der dem Platz zugewandten Giebelseite mit der doppelläufigen Freitreppe, die zwischen zwei vorspringende Fachwerktürmchen gespannt ist.

Würdevoll und von historischer Aura umweht, erhebt sich der Schloßberg über Quedlinburg, der berühmten Fachwerkstadt im nördlichen Harzvorland. Die Stiftsgebäude, in denen einst die Äbtissin der Reichsabtei Quedlinburg ihren Amtssitz hatte, bilden zusammen mit der dreischiffigen Basilika der Stiftskirche, deren wehrhafte Doppeltürme weit sichtbar sind, das Wahrzeichen der Stadt. In der romanischen Stiftskirche wird nicht nur der berühmte Domschatz aufbewahrt, hier befindet sich auch das Grabmal Heinrichs I. und seiner Ehefrau Mathilde.

Nur der Teufel selbst, so meinte man früher, könne für das Entstehen dieser gewaltigen Steinformation, die sich von Blankenburg bis in die Nähe von Timmenrode erstreckt, verantwortlich sein. Die Erklärung der Wissenschaftler ist nüchterner. Sie rechnen die „Teufelsmauer“ der „geologischen Abteilung der Oberkreide“ zu. Doch die Wanderer kümmert das wenig – für sie wird es immer die „Teufelsmauer“ bleiben.

Die Romantik des Harzes, die so oft in Sagen beschworen und in Liedern besungen wurde – hier scheint sie besonders gegenwärtig zu sein. Rechts liegt der Hexentanzplatz, jener geheimnisumwitterte Ort, an dem die Hexen in der Walpurgisnacht ihrer Natur freien Lauf lassen. Links befindet sich die Roßtrappe. Dazwischen, tief unten im Tal, plätschert die Bode.

Die Ilse und andere Quellen, welche das ebene Land als wilde Gebirgsströme durchtoben, rieseln hier in spielender Kindheit durch die einsame Landschaft", notierte Joseph von Eichendorff im Jahre 1805, nachdem er den Harz durchwandert hatte. Der dänische Märchendichter Hans Christian Andersen schwärmte: „Wir gingen durch das herrliche Ilsetal. Die Gegend wurde nun mehr und mehr romantisch. Ungeheure Felsblöcke lagen rings herum (. . .)." Auch heute noch können Wanderer die Ilse als munter sprudelndes Flüßchen erleben, das sich häufig verzweigend über bemooste Gesteinsbrocken durch die romantische Wald- und Gebirgslandschaft ergießt.

Ganz gewiß gehört Stolberg mit seinen engen, von malerischen Fachwerkhäusern gesäumten Gassen zu den schönsten Städten des Harzes. Es lohnt sich, die oft mit reizvollem Balkenschnitzwerk verzierten Fassaden genauer zu betrachten. Hoch über dem Ort, der um das Jahr 1000 gegründet wurde und im 13. Jahrhundert die Stadtrechte erhielt, erhebt sich das Schloß, das einst den Grafen zu Stolberg-Wernigerode als Residenz diente.

Noch hat das kleine schnaufende Ungetüm leichtes Spiel, doch bald wird die Trasse steil ansteigen. Wenn sie dann die Wägelchen ächzend und zischend heraufschleppt, kann die kleine Lokomotive beweisen, was in ihr steckt. Jahrzehntelang war die Brockenbahn außer Betrieb, doch seit dem Fall der Mauer fährt sie wieder – und läßt nicht nur die Herzen von Eisenbahnfreaks höher schlagen.

Mit 1.142 Metern ist der Brocken der höchste Gipfel des Harzes. Von allerlei phantastischen Geister- und Hexensagen umwoben, war der Berg seit dem 19. Jahrhundert für Wanderer, Naturfreunde und Dichter ein Sehnsuchtsziel. Seit Errichtung des Eisernen Vorhangs war der dicht an der Grenze gelegene Gipfel dies um so mehr, weil die SED-Führung ihn zum Un-Berg gemacht hatte: unzugänglich, ungenannt und daher schon fast unwirklich. Ganz plötzlich ging für den Brocken dieser erzwungene Dornröschenschlaf im Herbst 1989 zu Ende.

Als im Jahre 802 das Missionsstift von Seligenstadt nach Alfurtested verlegt wurde, war dies noch eine ziemlich unbedeutende Siedlung an einer Furt der Holtemme. Doch das sollte sich bald ändern: Aus Alfurtested wurde Halberstadt, das bereits 827 Bischofssitz wurde. Ein Jahrhundert später ließ Heinrich I. Halberstadt in sein Burgwardsystem eingliedern: Die Stadt wurde befestigt und wehrhaft. Offenbar jedoch nicht wehrhaft genug, um im Jahre 1179 ihre Zerstörung durch Heinrich den Löwen verhindern zu können. Erst Jahrzehnte nach dieser Niederlage ließ man die hölzernen Palisaden durch eine steinerne Stadtmauer ersetzen. Anders als in Magdeburg gaben seit dem späten 15. Jahrhundert in Halberstadt nicht die Bürger den Ton an. Das Sagen hatte hier der Bischof, bis sein Amt nach Einführung der Reformation abgeschafft wurde. Durch die Satzungen des Westfälischen Friedens erfuhren die Halberstädter, daß sie fortan preußische Untertanen seien – eine wechselhafte Geschichte voller Glanz und Elend.

Das größte Verhängnis traf die alte Stadt im nördlichen Harzvorland jedoch im April 1945, wenige Wochen vor Ende des Zweiten Weltkriegs. In einem gnadenlosen und militärisch unsinnigen Flächenbombardement ging fast die ganze Stadt in Flammen auf. Viele Menschen fanden den Tod und 82 Prozent der Bausubstanz waren für immer verloren. Auch um das wenige Übriggebliebene war es meist schlecht bestellt, denn die SED ließ in den vier Jahrzehnten ihrer Herrschaft große Teile der erhaltenen historischen Bausubstanz verkommen, um sie abreißen und durch Plattenbauten ersetzen zu können. Vergleicht man historische Fotos mit dem heutigen Zustand, so wird man betroffen feststellen, daß von der einst zu Recht gerühmten Fachwerkstadt kaum etwas übriggeblieben ist.

Daß Halberstadt noch immer auf einige architektonische Wurzeln zurückblicken kann, hat es seinen bedeutenden Kirchen zu verdanken, die die Zeitläufe überdauert haben. In ihren „Lebensbildern deutscher Städte“ beschrieb die Dichterin Ricarda Huch den Halberstädter Dom mit folgenden Worten: „Viele Kirchen mögen prächtiger, merkwürdiger, kunstreicher sein als der Halberstädter Dom; dieser scheint mir von allen der edelste zu sein. Ist es die Schlankheit der Pfeiler, die schöne Biegung der Gewölbe, das Maß der hohen Fenster und wie das alles und rein zusammenklingt; den Eintretenden entrückt ein Bewußtsein des Göttlichen, wie die Erscheinung des Vollkommenen es erzeugt.“

Noch immer thront der Dom mit seinem gewaltigen Schiff und den beiden schlanken Westtürmen majestätisch über der Stadt. In den Bombennächten wurde er zwar getroffen, doch die Schäden konnten behoben werden. Der weltberühmte Domschatz blieb glücklicherweise ebenso erhalten wie die gesamte kostbare Ausstattung des Gotteshauses, darunter die aus 450 farbenprächtigen Scheiben bestehenden mittelalterlichen Glasmalereien. Der 1491 geweihte Dom hat die Form einer dreischiffigen Basilika und gehört zu den bedeutendsten Bauwerken der deutschen Gotik.

Noch älter ist die unweit gelegene Liebfrauenkirche. Im Jahre 1005 begann man mit ihrem Bau für das kurz zuvor gegründete Kloster der Augustiner-Chorherren. Aus dieser Zeit stammen jedoch nur noch die unteren Geschosse der Westtürme. Die heutige romanische Basilika entstand größtenteils in der Zeit zwischen 1140 und 1170. Auch diese Kirche konnte nach der Zerstörung von 1945 in jahrelanger Restaurierungsarbeit weitgehend wiederhergestellt werden, wenngleich Bauwerke dieser Art und Größe eine lebenslange Aufgabe für Denkmalpfleger bleiben.

Der Kontrast zwischen der erhabenen Architektur der Kirchen und der Gesichtslosigkeit der Plattenbauten der Nachkriegszeit legt den Schluß nahe, daß die SED erfolgreich dafür gesorgt hat, daß sowohl die Identität der Stadt als auch ihre historische Kontinuität fast ausschließlich über ihre jahrhundertealten Kirchen vermittelt wird.

Magdeburg, die Hauptstadt des neu erstandenen Bundeslandes Sachsen-Anhalt, liegt am Ostrand der Magdeburger Börde, eines fruchtbaren Lößgebietes. Das historische Zentrum des im Jahre 805 erstmals erwähnten Ortes erstreckt sich am Westufer der Elbe. Der Fluß als Schifffahrtsweg und ihre Lage an wichtigen Fernstraßen ermöglichten der Stadt bald eine wichtige Stellung im Warenverkehr. Mit der Gründung des Erzbistums gewann Magdeburg ab 968 auch Bedeutung als Zentrum der Slawenmission. Nun stand den selbstbewußten Bürgern ein mächtiger Erzbischof gegenüber. Trotz vieler Konflikte erkämpften sich die Patrizier jedoch

Durch den spätgotischen Lettner gelangt man in den Ostchor des Halberstädter Domes. An dessen Pfeilern befinden sich Apostelfiguren aus dem 15. Jahrhundert, die auf Konsolen gestellt und durch Baldachine, die mit gotischem Zierat versehen, in ihrer Wirkung gesteigert sind.

beispielhafte Freiheiten, die als „Magdeburger Recht“ festgeschrieben und später für viele städtische Verfassungen zum Vorbild wurden.
Im Dreißigjährigen Krieg ging die stolze Bürgerstadt fast völlig unter. Kaum vorstellbar sind die Verheerungen, die Magdeburg im Jahre 1631 trafen: Es ist überliefert, daß nur der Dom, die Kirche des Liebfrauenklosters, der Turmbau der Petrikirche und ein einziges Fachwerkhaus die Zerstörung der Stadt überdauerten. Über die Zahl der menschlichen Opfer ist nichts bekannt.
In dieser fast hoffnungslosen Situation war es vor allem ein Mann, dem die Stadt ihren Neuanfang verdankte: Otto von Guericke. Er sorgte dafür, daß anstelle des mittelalterlichen Straßennetzes der Wiederaufbau so großzügig und zweckmäßig verwirklicht wurde, wie es die veränderten Verkehrs- und Wirtschaftsbedingungen erforderten. Damals entstand mit dem Breiten Weg eine neue Hauptstraße mitten durch das Zentrum, das bald ein barockes Gepräge erhielt.
Weltberühmt wurde Guericke, der zunächst als Ratsherr und seit 1646 als Bürgermeister amtierte, jedoch nicht als fähiger Lokalpolitiker, sondern als einer der Begründer der modernen Naturwissenschaften. Er erfand u. a. die Kolbenluftpumpe und widmete sich lange Zeit der Erforschung des Vakuumphänomens. Im Jahre 1654 führte er auf dem Regensburger Reichstag ein spektakuläres Experiment vor: Zwei große Halbkugeln wurden lose aneinandergefügt. Dann ließ Guericke durch das Abpumpen der darin befindlichen Luft ein Vakuum entstehen. Als anschließend zwei kräftige Pferdegespanne vergeblich versuchten, die Kugel auseinander zu ziehen, war das erlauchte Publikum erstaunt und tief beeindruckt. Als „Magdeburger Halbkugeln“ gingen sie in die Geschichte der Naturwissenschaften ein.
Seit Ende des 17. Jahrhunderts war Magdeburg preußische Festungsstadt ohne politische Eigenständigkeit. Durch die Industrialisierung des 19. Jahrhunderts wuchs sie über ihre historischen Grenzen hinaus. Die Festung wurde zunächst verlegt und später geschleift.

Wer heute durch die Stadt geht, spürt noch die Folgen der Zerstörungen durch alliierte Bombenangriffe. Magdeburg gehört zu den am meisten getroffenen deutschen Städten und auch zu denen, deren historisches Gesicht durch den „sozialistischen Aufbau“ am meisten entstellt wurde. Zum Glück blieben einige der historischen Gebäude erhalten, darunter das Ende des 17. Jahrhunderts erbaute Rathaus, vor dem eine Kopie des berühmten Magdeburger Reiters steht, eines Rechtszeichens (einen Rechtsanspruch symbolisierendes Zeichen) aus dem 13. Jahrhundert. Auch das Kloster „Unser Lieben Frauen“, das von 1064 bis 1230 erbaut wurde, und den Brandschatzungen des Dreißigjährigen Krieges getrotzt hat, steht wieder in alter Schönheit am Elbufer. Nach der Behebung der Kriegsschäden dient es heute als Konzerthalle und Kunstmuseum.
Das wichtigste und schönste Bauwerk und zugleich das Wahrzeichen der Stadt ist jedoch der Dom. Wie seit Jahrhunderten ragen die beiden Westtürme mit ihren filigran durchbrochenen Helmen in den Himmel. Das Schiff mit Querhaus und dem sich anschließenden Chor erstreckt sich nach Osten zum Elbufer hin. Bereits zu ottonischer Zeit war hier ein Dom erbaut worden, der jedoch im Jahre 1207 einem Brand zum Opfer fiel. Zwei Jahre später machte man sich erneut ans Werk: In mehr als drei Jahrhunderte währender Arbeit entstand der heutige Dom als dreischiffige gotische Basilika mit Querschiff und Kapellenkranz. Die beiden 103 Meter hohen Westtürme konnten im Jahre 1520 vollendet werden.
Berühmt sind an der Paradiespforte der nördlichen Querhalle die Statuen der Törichten und der Klugen Jungfrauen.
Doch treten wir nun ein in den Dom, der dem heiligen Mauritius und der heiligen Katharina geweiht wurde. Im Langhaus umfängt uns ein großartiger Raum, der durch die weitgespannten Arkaden und die optische Gliederung in zwei übereinander liegende Zonen geprägt ist. Im Chorumgang sind die Alabasterfiguren des auferstandenen Christus und des heiligen Mauritius aus dem Jahre 1467 zu sehen. Zu den Kostbarkeiten der teilweise noch mittelalterlichen Ausstattung gehören neben dem gotischen Chorgestühl auch die Sitzbilder, die vermutlich Kaiser Otto I. und seine Gemahlin Editha darstellen, sowie mehrere Grabplatten aus Bronze, die zu den bedeutendsten Kunstwerken dieser Art aus der Zeit der Romanik gehören.
Erzbischof Ernst aus dem sächsischen Herrscherhaus Wettin bestimmte die westliche Turmkapelle zu seinem Begräbnisplatz. Nachdem er im Jahre 1513 gestorben war, wurde er auch tatsächlich hier in der Tumba beigesetzt, die der Nürnberger Peter Vischer d. Ä. bereits 1495 auftragsgemäß in Bronze gegossen hatte. Auf dem Grabmal ist die vollplastisch ausgebildete Gestalt des Bischofs zu sehen.
Tief beeindruckend ist auch ein Kunstwerk unseres Jahrhunderts: Im Jahre 1929 schuf Ernst Barlach das Ehrenmal für die Gefallenen des Ersten Weltkriegs, das sich in der Apsis des nördlichen Querhauses befindet.
Die Pracht des Domes steht in krassem Gegensatz zu der klotzigen Häuserzeile, die die Westseite des Domplatzes begrenzt. Ursprünglich standen hier barocke Häuser mit reich geschmückten Fassaden, wie sie auch heute noch an der Nord- und Ostseite zu sehen sind. Besonders schön ist das Haus mit der Nummer 2/3 an der Ostseite des Domplatzes. 1708–1711 von dem italienischen Stukkateur und Architekten Giovanni Simonetti erbaut, diente es zunächst als erzbischöfliches und später als königliches Palais.

Ein Mann mit Durchsetzungskraft und Visionen: Nicht nur als Bürgermeister von Magdeburg, sondern auch als ein bedeutender Naturwissenschaftler erwarb sich Otto von Guericke (1602–1686) große Verdienste. Das Porträt schuf der Kupferstecher Cornelius Galle nach einem Ölgemälde von Anselm von Hulle.

Vier Türme zweier Kirchen, die die Silhouette der Landeshauptstadt von Sachsen-Anhalt unverwechselbar machen: der Magdeburger Dom St. Mauritius und Katharina (links) und das frühere Kloster Unser Lieben Frauen. Die Verheerungen des Krieges haben Narben hinterlassen, die in Magdeburgs Stadtbild bis heute sichtbar blieben. Doch die Türme des Doms und des Klosters zeugen von der gewachsenen Identität dieser Stadt, die bis zum Dreißigjährigen Krieg eine wichtige Rolle in der deutschen Geschichte gespielt hat.

Im Kern ist das Magdeburger Rathaus ein mittelalterlicher Bau, doch die dem Markt zugewandte Westseite erhielt von 1691 bis 1698 eine prachtvolle Schaufassade in italienisch-niederländischen Renaissanceformen. Im Dachreiter wurde später ein Glockenspiel installiert. Vor dem palaisartigen Gebäude steht eine Kopie des Magdeburger Reiters. Dieses Reiterstandbild entstand im Jahre 1240 als erstes freifigürliches Denkmal, das nach der Antike auf deutschem Boden errichtet wurde und galt im Mittelalter als hochrangiges Rechtszeichen.

Zu den Gipfelleistungen romanischer Plastik gehören die berühmten mit Reliefs geschmückten Chorschranken der Halberstädter Liebfrauenkirche. Die mehr als zwei Meter hohen Kunstwerke entstanden um das Jahr 1200 und zeigen Maria und Jesus im Kreis der Apostel. Auf unserer Abbildung ist der mittlere Teil der südlichen Chorschranke mit Maria, der Patronin der Kirche, zu sehen, die von zwei Aposteln gerahmt wird.

Eine zufällige Personalentscheidung kann für die Geschichte einer Stadt von kaum zu überschätzender Bedeutung sein. Beispiel Wittenberg: Stellen wir uns einmal vor, der damals noch ganz und gar unbekannte Augustinermönch Martin Luther wäre im Spätsommer 1511 von seinen Vorgesetzten nicht nach Wittenberg, sondern in irgendein anderes der zahlreichen Klöster seines Ordens versetzt worden. Wer würde den Namen des Städtchens an der Elbe schon kennen? Gewiß, der von flämischen Siedlern gegründete Ort, der zuerst 1180 erwähnt und 1293 zur Stadt erhoben wurde, hätte auch ohne das Wirken Luthers dank seines reizvollen Stadtbildes und der historischen Bauwerke einen Besuch verdient.

Genug der Spekulationen. Die Entscheidung fiel 1511 zugunsten von Wittenberg aus. Luther kam im Spätsommer dieses Jahres in die Stadt, lehrte an der dortigen Universität, predigte regelmäßig in der Stadtkirche und veröffentlichte hier im Jahre 1517 seine berühmten „95 Thesen", die die Reformation einleiteten und damit den Gang der Weltgeschichte gründlich beeinflußten. Ob der streitbare Mönch sie tatsächlich am 31. Oktober an das Portal der Schloßkirche geschlagen hat, wie man sich das nur allzugern vorstellen möchte, oder sie einfach an die maßgeblichen Autoritäten verschickte, ist bis heute nicht geklärt. Wie auch immer: Das in Frage kommende Portal verbrannte ohnehin im Jahre 1760 während des Siebenjährigen Krieges. Das heutige ganz auf Historie getrimmte Bronzeportal, auf dessen Türflügeln humanistisch gebildete Oberstudienräte den gesamten Thesentext im lateinischen Original entziffern können, stammt erst aus dem Jahre 1858.

Wittenberg ist ohne Luther ebensowenig denkbar, wie Luther ohne Wittenberg. „Das deutsche Rom", „Die Hauptstadt der Reformation", „Das Zentrum der evangelischen Christenheit" – all diese Bezeichnungen verdankt die Stadt dem reformatorischen Wirken jenes Mannes, dessen Denkmal seit 1821 vor dem Renaissance-Rathaus steht. Karl Friedrich Schinkel hat die von Gottfried v. Schadow entworfene Statue Luthers unter einen neugotischen Baldachin gestellt. Das nur unweit entfernte Denkmal für Luthers Freund und Mitarbeiter, Philipp Melanchthon, entstand dagegen erst Jahrzehnte später nach dem Vorbild des Schinkelschen Luthermonumentes.

Nur ein paar Schritte vom Markt und dem zu Luthers Lebzeiten erbauten Rathaus entfernt steht die doppeltürmige Stadtkirche, in der der Reformator nicht nur regelmäßig gepredigt, sondern im Jahre 1521 auch das Abendmahl in beiderlei Gestalt – d. h. mit Brot und Wein – eingeführt hat. Ihr wertvollstes Ausstattungsstück ist der berühmte Reformationsaltar von Lucas Cranach d. Ä. Seine Predella ist ein „Gruppenbild mit Kruzifix": Rechts steht Luther auf der Kanzel, die Linke auf der Bibel, während er mit der Rechten auf den gekreuzigten Christus

Vom Augustinermönch zum Reformator: Martin Luther, der mit seinen 1517 in Wittenberg veröffentlichten 95 Thesen die Reformation auslöste, hat wie kaum eine zweite Persönlichkeit der deutschen Geistesgeschichte durch sein Wirken die historische Entwicklung beeinflußt. Der Maler Lucas Cranach d. Ä. war mit Luther persönlich befreundet und hat ihn mehrfach porträtiert.

in der Bildmitte weist. Die andächtige Gemeinde auf der linken Seite besteht aus Luthers Kollegen, Familienmitgliedern und Freunden, deren Häuser vielfach erhalten blieben, da Wittenberg im Gegensatz zu vielen anderen Städten nicht unter Flächenbombardements zu leiden hatte. Ein Glücksfall für die Stadt, da sie nun ihren Besuchern nicht nur das frühere Augustinerkloster, in dem Luther bis zu seinem Tod im Jahre 1546 wohnte, das Residenzschloß und die beiden Hauptkirchen, sondern auch die Häuser von Melanchthon und Lucas Cranach d. Ä. präsentieren kann.

Daß die Augustiner Luther ausgerechnet nach Wittenberg schickten, hing auch mit der Entwicklung zusammen, die die Stadt seit dem Regierungsantritt des sächsischen Kurfürsten Friedrich III., des Weisen (1463–1525, Kurfürst seit 1486), genommen hatte. Dem Kurfürsten war es gelungen, innerhalb von wenigen Jahrzehnten aus dem verschlafenen Städtchen eine respektable Residenz zu machen. Für geistige Ausstrahlung sorgte die 1502 gegründete Universität. Die Bedeutung, die Wittenberg unter der Regierung von Friedrich dem Weisen und während der Wirkungszeit Martin Luthers erlangt hatte, konnte die Stadt später nie wieder erreichen.

Luther zeigt als Prediger auf den gekreuzigten Christus: Diese berühmte Szene malte Lucas Cranach d. Ä. um 1547 für die Predella des Altars der Wittenberger Stadtkirche.

Im Jahre 1547 verzichtete der sächsisch-ernestinische Kurfürst Johann Friedrich I., der Großmütige – wohl weniger aus Großmut, sondern eher gezwungenermaßen –, auf die Kurwürde. Hatte er sich doch im Machtpoker mit seinem albertinischen Verwandten, dem in Dresden residierenden Herzog Moritz von Sachsen, gründlich verrechnet. Wer hätte aber auch gedacht, daß der Protestant Moritz aus dem Bündnis der protestantischen Fürsten ausbrechen, gemeinsame Sache mit den Kaiserlichen machen und dabei auch vor dem Einsatz militärischer Gewalt nicht zurückschrecken würde?

Johann Friedrich war bei einem Scharmützel zwischen dem Schmalkaldischen Bund und den Kaiserlichen Truppen, auf deren Seite auch Moritz focht, in Gefangenschaft geraten. Anschließend blieb ihm nichts anderes übrig, als am 19. Mai 1547 die Wittenberger Kapitulation zu unterzeichnen und damit zugunsten Moritz' der Kurwürde und der Kurlande zu entsagen. Für „Das deutsche Rom" war dies ein schwarzer Tag, denn nun sank es plötzlich von einer Residenz- zur Provinzstadt herab. Im Jahre 1813 wurde die von französischen Einheiten gehaltene Stadt von den Preußen stark beschossen. Zwei Jahre später – nach den Beschlüssen des Wiener Kongresses – sollten sie sich als die neuen Landesherren erweisen. Viel Respekt schienen sie jedoch vor dem geistigen Erbe der Lutherstadt nicht zu haben, denn schon 1817 ließ die neue Verwaltung die Wittenberger Universität „abwickeln". Offiziell wurde sie zwar nicht geschlossen, sondern mit der Hallenser Alma mater – die übrigens noch heute Martin-Luther-Universität Halle-Wittenberg heißt – vereinigt, doch faktisch besteht seit 1817 in Wittenberg keine Universität mehr.

Daß Wittenberg mehr ist als eine schöne alte Stadt mit großer Vergangenheit, mehr auch als ein Wallfahrtsort für Reformationstouristen aus aller Welt, hat sich in den letzten Jahren der DDR gezeigt: Während die offiziellen Vertreter der DDR-Kirchen in scheinbarer Eintracht mit der SED-Führung den 500. Geburtstag Martin Luthers feierten, ließ der Wittenberger Pfarrer Friedrich Schorlemmer bei einer nächtlichen Zusammenkunft im Lutherhof ein Schwert zu einer Pflugschar umschmieden.

Für die SED, die die unter den kirchlichen Basisgruppen entstandene Bewegung „Schwerter zu Pflugscharen" verbissen bekämpfte, war dies eine Provokation, doch viele regimekritische Bürger fühlten sich ermutigt. Schorlemmer hatte in den darauffolgenden Jahren großen Einfluß auf die kirchliche Friedens-, Umwelt- und Bürgerrechtsbewegung. Die „20 Wittenberger Thesen", die er im Jahre 1988 gemeinsam mit einigen Gleichgesinnten erarbeitet und auf dem Hallenser Kirchentag vorgestellt hatte, waren für die geistige Vorbereitung des Umbruchs von 1989 von großer Bedeutung.

Die sanften Flußniederungen von Wittenberg gehen in westlicher Richtung elbabwärts in das Landschaftsschutzgebiet Elbaue über. Trotz der katastrophalen Verschmutzung des Flusses leben hier noch immer seltene Tierarten wie zum Beispiel Flußbiber. Zwischen der am Nordufer der Elbe gelegenen Chemiestadt Coswig und den bedrohlich anmutenden Schloten des Kohlekraftwerks Vockerode, die sich einige Kilometer südlich davon erheben, erstreckt sich am linken Elbufer der Wörlitzer Park. Dies ist kein gewöhnlicher Park, sondern eine der bedeutendsten Gartenanlagen Europas. Wie kaum ein anderer deutscher Garten verkörpert er die geistigen und ästhetischen Ideale des späten 18. Jahrhunderts. Sie sind hier aus Einflüssen des englischen Landschaftsgartens und der von Johann Joachim Winckelmann initiierten neuen Wertschätzung der Antike auf faszinierende Weise verwirklicht worden.

Ursprünglich befand sich hier ein barocker Park, der jedoch im Jahre 1764 durch ein Elbhochwasser vollständig zerstört wurde. Bereits ein Jahr später veranlaßte Fürst Leopold Friedrich Franz von Anhalt-Dessau die völlige Neugestaltung. Der außerordentlich gebildete Fürst war Anhänger der Aufklärung und hat sich in vielfältiger Weise um Reformen in seinem Fürstentum verdient gemacht. In England hatte er zum erstenmal Landschaftsgärten gesehen, die sich grundsätzlich von den üblichen europäischen Barockgärten unterschieden. Während im Barock die Natur bezwungen und in eine feste, geometrische oder gar symmetrische Ordnung gezwängt wurde, erhielt sie im englischen Landschaftsgarten ein ursprüngliches Gepräge, obwohl diese scheinbare Natürlichkeit in Wahrheit das Resultat eines genau durchdachten Gestaltungskonzeptes war. In diesem, u. a. vom Gedankengut der Rousseauschen Naturphilosophie geprägten Sinne ließ Leopold Friedrich Franz den Wörlitzer Park durch die Gartengestalter und Architekten Johann Friedrich Eyserbeck und Friedrich Wilhelm Erdmannsdorf anlegen. Doch genug der Theorie, unternehmen wir nun lieber einen Spaziergang durch den Park: Im südlichen Gartenbereich steht das 1769 bis 1773 von Friedrich Wilhelm Erdmannsdorf als erstes klassizistisches Bauwerk in Deutschland errichtete Schloß, dessen Architektur und Innenausstattung komplett erhalten sind. Wir gehen am Ufer des Sees entlang zum 1790 erbauten Vesta-Tempel und fahren mit einer Holzfähre zur Insel, die wir über eine schwimmende Brücke wieder verlassen. Am südöstlichen Ufer des Sees sieht man eine künstliche Nachbildung des Vesuv, die im frühen 19. Jahrhundert durch eine komplizierte und aufwendige pyrotechnische Anlage auch zum Ausbruch gebracht werden konnte. Wir wenden uns nach links und begeben uns über die Neue Brücke im Schochschen Garten, vorbei am Nymphäum, zum Gotischen Haus.

Dieses Gebäude ist das interessanteste Beispiel der zahlreichen Tempel, Grotten, Skulpturen und anderen Kleinarchitekturen, die in die inszenierte Natur des Parks gestellt wurden. Es entstand von 1773 bis 1813 als erstes neugotisches Gebäude in Deutschland. Die Parklandschaft sollte mit ihren Architekturzitaten im Betrachter bestimmte Empfindungen auslösen: Die in England besonders verbreitete Neogotik rief jenen Schauder hervor, der an romantische Vorstellungen vom geheimnisvollen und wilden Mittelalter gemahnte. Die Gotik weckte aber auch religiöse Assoziationen und andachtsvolle Stimmungen.

Der zum Kanal hin gelegene westliche Teil des Hauses wurde in Anlehnung an venezianische Gotik, der Südflügel in englischer Tudorgotik ausgeführt, während im Turmgemach Formen des Breslauer Rathauses variiert worden sind. Trotz dieser stilistischen Spannweite, der Mitwirkung von zwei sehr verschiedenen Architekten (Erdmannsdorf und Georg Christoph v. Hesekiel) und der sehr langen Bauzeit ist das Gotische Haus eine harmonische Einheit von hohem architektonischem Reiz. Das mit Kunstwerken reich ausgestattete Innere, dessen größter Raum ein mit einer Holzdecke versehener „Rittersaal" ist, blieb original erhalten. Bemerkenswert ist eine umfangreiche Sammlung von Schweizer Glasgemälden, den sogenannten „Schweizer Scheiben".

Insgesamt erstreckt sich der Garten, der ohne optische Begrenzung in die umliegende Landschaft mündet, auf 112 Hektar. Die schönste und angenehmste Möglichkeit, den Wörlitzer Park kennenzulernen, bietet eine Bootsfahrt über die mit zahlreichen künstlichen Kanälen verbundenen Seen und Teiche.

Fürst Leopold Franz hielt sich zwar oft und gern in Wörlitz auf, doch seine Residenz war nicht hier, sondern im nur wenige Kilometer südwestlich gelegenen Dessau. Was über Halberstadt und Magdeburg gesagt wurde, gilt für Dessau in besonderem Maße: 84 Prozent der Stadt wurden im Zweiten Weltkrieg zerstört. Leider ist auch der Wiederaufbau der einstigen Hauptstadt des Freistaates Anhalt besonders steril geraten. Es fällt schon schwer, sich angesichts der Monotonie der

Mit seiner Bauhaus-Schule, die im Jahre 1919 in Weimar gegründet wurde und 1925 nach Dessau umzog, wollte der Architekt Walter Gropius (1883–1969) sein Ideal einer Verschmelzung von Kunst und Technik verwirklichen. Das Porträt entstand 1928.

sozialistischen Architektur das geistige Klima vorzustellen, das in Dessau herrschte, als der aus Hamburg stammende Pädagoge Johannes Bernhard Basedow (1724–1790) mit Unterstützung des reformfreudigen Fürsten hier das hoch angesehene „Philanthropin" als „Schule der Menschenfreunde" gründete.
Doch der Tristesse der Innenstadt läßt sich entfliehen: Im Georgengarten blieben das klassizistische Schloß Georgium und im neun Kilometer südwestlich gelegenen Mosigkau ein prachtvolles spätbarockes Schloß erhalten, in dessen 24 Schauräumen neben kostbaren Möbeln, Spiegeln, Porzellanen und anderen Gegenständen eine Kunstsammlung mit Gemälden von Peter Paul Rubens, Antoine Pesne, Anton van Dyck und anderen holländischen, flämischen und deutschen Meistern des 17. und 18. Jahrhunderts gezeigt wird.

Es ist kein Schloß, sondern ein Gebäude von sehr fortschrittlicher Art, das zum Weltruhm Dessaus beigetragen hat: das Bauhaus. Nachdem die unter dem Namen „Bauhaus" in die Geschichte eingegangene berühmteste Gestaltungsschule des 20. Jahrhunderts im Jahre 1925 von der nationalsozialistischen Landesregierung Thüringens aus Weimar vertrieben wurde, ließen sich Lehrer und Schüler in Dessau nieder, bis sie der braune Zeitgeist auch hier ereilte. Das Schulgebäude wurde von 1925 bis 1926 nach Entwürfen von Walter Gropius erbaut.
Das Bauwerk, das glücklicherweise die NS-Zeit und den realexistierenden Sozialismus überdauert hat, wirkt wie das in Stein, Stahl und Glas verwirklichte Bauhaus-Credo der Verbindung von Ästhetik und Zweckmäßigkeit, Form und Funktion. Der Komplex umfaßt fünf miteinander verbundene kubische Baukörper für Werkstatt, Schul- und Verwaltungsaufgaben sowie eine Aula und ein fünfgeschossiges Wohnheim. In den 70er Jahren wurden die berühmte Glasvorhangfassade des Werkstattbaus sowie Teile der original erhaltenen Inneneinrichtung restauriert.
Nicht weit vom Bauhaus entfernt stehen die drei ab 1926 ebenfalls von Walter Gropius erbauten „Meisterhäuser". Auch wenn die Bauhaus-Tradition, wie die Geschichte der modernen Architektur zeigt, später häufig auf falsche Wege führte – der ästhetische und humane Anspruch der Bauhaus-Idee wird deutlich, wenn man das berühmte Dessauer Gebäude mit den erst in den 30er Jahren entstandenen NS-Siedlungsbauten in seiner unmittelbaren Nachbarschaft vergleicht.

Die Ästhetik des Funktionalen: Das 1925/26 nach Entwürfen von Walter Gropius erbaute Gebäude des Dessauer Bauhauses steht am Beginn der architektonischen Moderne.

REISE
FO

Unter neugotischen Baldachinen stehen die Denkmäler von Martin Luther und seinem Freund und Mitarbeiter, Philipp Melanchthon, auf dem Markt der einstigen Residenzstadt Wittenberg, in der die Reformation im Jahre 1517 ihren Ausgang nahm. Links grenzt das Rathaus, das im 16. Jahrhundert erbaut wurde, an den Platz. Im Hintergrund ist die doppeltürmige Westseite der Stadtkirche St. Marien, einer gotischen Hallenkirche, zu sehen.

Ein großes Denkmal für einen bedeutenden Mann: Von 1883, als sich Luthers Geburtstag zum 400. Mal jährte, bis 1892 baute der Architekt Friedrich Adler die spätgotische Schloßkirche in aufwendiger Neogotik zum „Denkmal der Wittenberger Reformation" um. Rechts, unterhalb der Kanzel, ist das Grabmal Luthers zu sehen. Auf der gegenüberliegenden Seite befindet sich das auf diesem Bild nicht sichtbare Grab Philipp Melanchthons. Friedrich Adler, der sich bei seiner Restaurierung am spätgotischen Ursprungsbau orientierte, schuf ein eindrucksvolles innenarchitektonisches Gesamtkunstwerk des Historismus.

Schloß Wörlitz, dessen helle Fassade sich im stillen Wasser des Sees spiegelt, wurde von 1769 bis 1773 als Deutschlands erstes klassizistisches Bauwerk von Friedrich Wilhelm von Erdmannsdorf errichtet. Heute befindet sich in dem Gebäude, dessen gesamte Innenarchitektur und Ausstattung original erhalten blieb, ein Museum. Als wichtiger Blick- und Orientierungspunkt überragt der hohe, am Helm von Flankentürmchen umstellte Turm der Kirche den Park. 1805 bis 1810 baute Georg Christoph Hesekiel die mittelalterliche Dorfkirche im Stil der romantischen Neogotik um.

Von 1683 an ließ Fürstin Henriette Catharina von Anhalt-Dessau Schloß und Park Oranienbaum errichten. Von der Schaufassade des Schlosses, über deren Mittelrisalit ein prachtvoller Tympanon sichtbar ist, führt eine Straße als Hauptachse des Parks schnurgerade bis in die 16 Kilometer entfernte Residenz Dessau. Im 19. Jahrhundert diente das Schloß zeitweise als chemische Forschungs- und Produktionsanlage. Der Chemiker Friedlieb Ferdinand Runge entdeckte hier das Anilin, Koffein und Atropin und produzierte zum erstenmal Paraffin- und Stearinkerzen. Nach der Auslagerung der Fabrik verfiel das Schloß und wurde erst Ende des 19. Jahrhunderts restauriert.

Jerichow – der Name dieser kleinen, etwa 100 Kilometer westlich von Berlin zwischen Elbe und Havel gelegenen Stadt weckt biblische Assoziationen. Doch er soll keineswegs an die biblische Stadt Jericho im Westjordanland erinnern, über deren wundersame Eroberung mittels Trompetenschmettern im Buch Josua berichtet wird. Der Ortsname Jerichow ist vielmehr slawischen Ursprungs wie die Urbevölkerung der ganzen Havelregion. Bereits im Jahre 1259 wurde Jerichow in einer Urkunde als Stadt bezeichnet, die allerdings niemals befestigt war. Neben den jährlich mehrfach stattfindenden Märkten lebten die Einwohner vor allem von der Landwirtschaft, dem Brauen von Bier, dem Brennen von Schnaps und später vom Schuhmacherhandwerk. „Schusterjerichow“ nannte man das Städtchen daher spöttisch.

Glaubt man den historischen Quellen, so war es auch um den Ruf der hier Ansässigen nicht besonders gut bestellt. Es möge „durch den heiligen Lebenswandel der Brüder jenes schlechte und böse Volk gebessert werden“, heißt es in einer Urkunde aus der Mitte des 12. Jahrhunderts, in der Bischof Anselm von Havelberg die Bestimmung der in Jerichow vollzogenen Gründung eines Prämonstratenser-Stifts erläuterte. Doch es ging natürlich nicht um die moralische Besserung der Bevölkerung, sondern um eines der Hauptziele mittelalterlicher Politik in dieser Region: um die Missionierung der heidnischen Slawen.

Die aus Magdeburg angereisten Prämonstratenser erhielten, wie die Schenkungsurkunde von 31. Dezember 1144 auflistet, „das Dorf Jerichow, die Kirche mit ihrem Zubehör in dem Dorfe, nämlich 10 Schillinge und einige zur Kirche gehörende Morgen Landes nebst den Fischereien ringsumher und die Getreidezinsen der Bauern an die Kirche“ sowie noch einige benachbarte Dörfer mit ihren Einkünften als Pfründe zuerkannt. Keine schlechten Startbedingungen für die frommen Brüder, die einem der bedeutendsten Reformorden des Mittelalters angehörten.

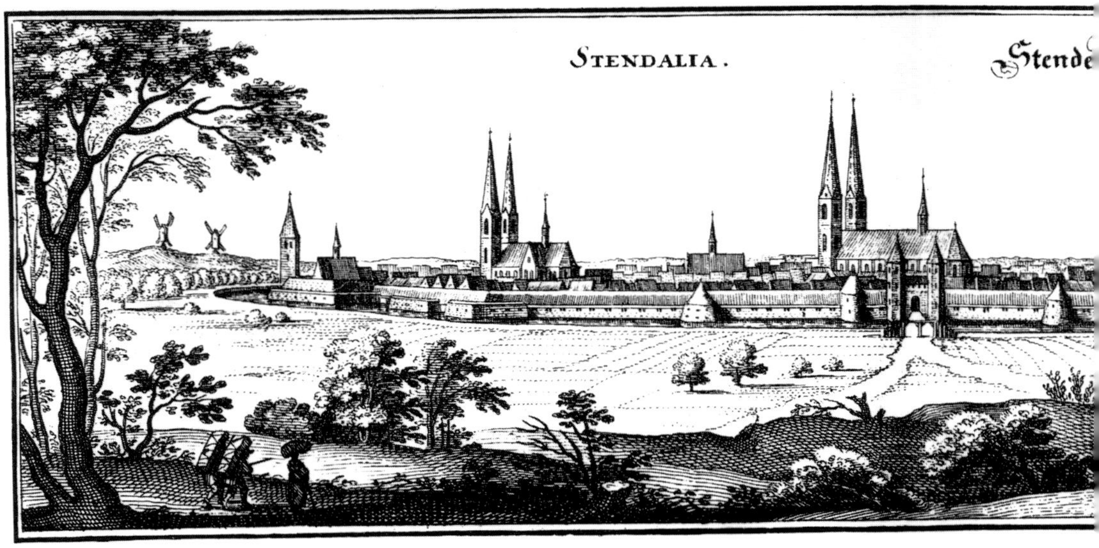

Allein ihrem Wirken verdankt das Städtchen mit seinen heute noch nicht einmal 3.000 Einwohnern seine Bedeutung.

Das wird bereits sichtbar, wenn man sich dem Ort nähert: Schon von weitem nimmt man im flachen Elbland die Türme der ehemaligen Klosterkirche wahr, die als ältester Backsteinbau der Altmark gilt. Der größte Teil des zu den bedeutendsten ostdeutschen Zeugnissen der Romanik zählenden Bauwerks entstand in der zweiten Hälfte des 12. Jahrhunderts. Vollendet wurde die Kirche mit den oberen Turmgeschossen und deren Helmen jedoch erst im 15. Jahrhundert. Sowohl das Äußere als auch der Innenraum der Kirche werden durch den roten Backstein geprägt, dessen Wirkung sich durch sparsam verwendete Putzflächen noch erhöht. Der dreischiffigen Basilika schließt sich südlich das ehemalige Prämonstratenserkloster an, das heute zu den wenigen nahezu vollständig erhaltenen romanischen Klosteranlagen in Deutschland gehört. Seit 1983 befindet sich in den früheren Klosterräumen ein Museum, in dem man Informationen über die Geschichte und Architektur des Stiftes findet.

Der herbe Reiz der altmärkischen Landschaft mit ihren Alleen und Weiden, sanften Erhebungen und schmalen Wasserläufen nimmt uns schnell gefangen, wenn wir uns von Jerichow zunächst auf der Bundesstraße 107 nach Norden wenden und in Fischbeck nach Westen abbiegen. Nach wenigen Kilometern haben wir die alte Backstein- und Fachwerkstadt Tangermünde erreicht, die ganz zu Recht als „Die Perle der Altmark“ bezeichnet wird. Fast zehn Meter hoch ist die mittelalterliche Befestigungsanlage, die die Altstadt noch immer umschließt.

Schon in ottonischer Zeit entstand an der Mündung des kleinen Flüßchens Tanger in die Elbe eine Grenzburg, in deren Schutz sich Tangermünde als Kaufmannssiedlung entwickeln konnte. Zu ungeahnter, wenn auch nur sehr kurzzeitiger Bedeutung gelangte Tangermünde, als der deutsche Kaiser und böhmische König Karl IV. die Stadt von 1373 bis 1378 neben Prag zur zweiten Residenz erhob. In dieser Zeit wurden wichtige Bauvorhaben, unter anderem die spätgotische Stephanskirche, begonnen. Tangermünde nahm nun eine wichtige Stellung an der Handelsstraße ein, die von Lübeck über Hamburg nach Prag führte. Ein schwarzer Tag in Tangermündes Geschichte war der 13. September 1617, an dem ein Stadtbrand ausbrach, dem 480 Häuser und 52 Scheunen zum Opfer fielen. Theodor Fontane hat sich in seiner Erzählung „Grete Minde“ mit der angebliche Brandstifterin beschäftigt.

Auch der Dreißigjährige Krieg, in dem die Burg zerstört wurde, hat Tangermünde übel mitgespielt. Doch von da an blieben

In der flachen altmärkischen Landschaft sind die Kirchtürme Stendals schon von weitem sichtbar. Die wehrhafte Mauer, die – wie auf diesem Stich aus dem 17. Jahrhundert noch deutlich zu sehen ist – die Stadt einst umschloß, wurde längst bis auf einige Reste geschleift. Doch mit dem Ueglinger und dem Tangermünder Tor blieben die beiden reizvollsten Glieder der einstigen Befestigungsanlage erhalten.

der Stadt große Zerstörungen erspart, so daß sich das historische Zentrum heute in eindrucksvoller Geschlossenheit präsentiert. Die ehemalige Burg, deren vorhandene Substanz teilweise noch auf die kaiserliche Residenz aus dem späten 14. Jahrhundert zurückgeht, überragt die Stadt am Zusammenfluß von Tanger und Elbe. In den Grünanlagen der Vorburg findet man jenen Mann, unter dessen Herrschaft Tangermünde seine glanzvollsten Tage erlebt hat: Seit 1900 steht hier das bronzene Denkmal von Karl IV.

Die Stadt erstreckt sich am Ufer der Tanger nach Südwesten. Von der doppeltürmigen Stephanskirche führt uns der Weg zum ehemaligen Rathaus, in dem sich seit 1929 ein sehenswertes Heimatmuseum befindet. Das um 1430 erbaute Rathaus mit seiner großartigen Schaufassade gehört zu den bedeutendsten Profanbauten der Spätgotik in Norddeutschland. Ein besonders malerisches Ensemble bilden an der westlichen Stadtmauer die romanische Nikolaikirche und der Turm des Neustädter Tores mit seinen Zinnen und dem ornamentalen Schmuck, der sich aus dem Kontrast von Backstein und Putzflächen ergibt.

Nur etwa 15 Kilometer südwestlich von Tangermünde entfernt liegt Stendal, die größte und bedeutendste Stadt der Altmark. Daß sich Stendal aus mehreren Siedlungskernen entwickelte, läßt sich noch heute am städtischen Grundriß ablesen: Im 12. Jahrhundert entstand zwischen dem „alten Dorf" im Norden und der markgräflichen Burg im Süden eine Siedlung, die um 1160 von dem brandenburgischen Markgraf Albrecht dem Bär das Marktprivileg erhielt. Die Stadt, in deren Mauern mehrere große Kirchen, wehrhafte Türme und stattliche Patrizierhäuser gebaut wurden, erlangte vor allem im 14. und 15. Jahrhundert als Handelszentrum und Mitglied des mächtigen Hansebundes Bedeutung und großen Wohlstand, der sich bis heute in den architektonischen Zeugnissen dieser Jahrhunderte widerspiegelt. Doch der Dreißigjährige Krieg beendete mit seinen Verheerungen diese Blütezeit. Von nun an war es mit der überregionalen Bedeutung Stendals ein für allemal vorbei.

Doch da das malerische Stadtbild mit seinen bedeutenden Backsteinbauten die Zeiten überdauert hatte, übte Stendal im späten 18. und frühen 19. Jahrhundert, als im Zeitalter der Empfindsamkeit und der Romantik die Dichter das Mittelalter für sich wiederentdeckten, eine ganz eigene Faszination aus. Das ging so weit, daß der französische Schriftsteller Marie-Henry Beyle, der vor allem mit seinen Romanen „Rot und Schwarz" und „Die Kartause von Parma" berühmt geworden ist, sich den Namen der altmärkischen Stadt zum Pseudonym wählte, allerdings mit einem zusätzlichen h (Stendhal).

Der bekannteste Sohn der Stadt ist jedoch Johann Joachim Winckelmann. In dem Haus (Winckelmannstraße 36), in dem er am 9. Dezember 1717 als Sohn eines Schuhmachers geboren wurde, befindet sich heute eine Gedenkstätte. Lange hielt es den begabten Schustersohn allerdings nicht in seiner Heimatstadt: Nach dem Gymnasialbesuch in Berlin studierte er zunächst in Halle Theologie und ging im Jahre 1755 nach Rom, wo er zunächst als Bibliothekar arbeitete, bis er 1763 zum „Präsidenten der Altertümer" und Scriptor der Vatikanischen Bibliothek berufen wurde. 1764 faßte Winckelmann seine Theorien in seinem Hauptwerk „Geschichte der Kunst des Altertums" zusammen. Winckelmann, der nicht nur als Begründer der wissenschaftlichen Archäologie, sondern auch der modernen vergleichenden Kunstgeschichte gilt, übte erheblichen Einfluß auf die Dichter der deutschen Klassik aus. So erfolgreich jedoch sein Leben war, so tragisch war sein Tod: Der Gelehrte fiel im Jahre 1768 im Alter von 50 Jahren in Triest einem Raubmord zum Opfer.

Das bedeutendste Bauwerk der Stadt ist der Dom St. Nikolaus. Die Untergeschosse des westlichen Turmpaares stammen noch von dem 1188 von Markgraf Otto II. gegründeten Augustinerchorherrenstift. Die heutige dreischiffige Halle mit polygonalem Chor geht jedoch im wesentlichen auf einen gotischen Neubau aus der Mitte des 15. Jahrhunderts zurück. Zur Ausstattung gehören ein Lettner mit spätromanischen Reliefs, ein hochgotischer Flügelaltar und das 1429 geweihte Chorgestühl. Besonders schön sind die 22 Fenster im Chor, im Querhaus und im südlichen Seitenschiff, die mehr als 1.000 Scheiben mittelalterlicher Glasmalerei enthalten. Diese von 1425 bis 1470 entstandenen Glasmalereien stellen Leben und Passion Jesu sowie Heiligenlegenden dar. Es handelt sich hierbei um einen der vollständigst erhaltenen mittelalterlichen Glasmalerei-Zyklen in Deutschland.

„Edle Einfalt und stille Größe" – auf diese längst sprichwörtliche Formel brachte Johann Joachim Winckelmann das Wesen der antiken Kunst, die vor allem durch sein Wirken Eingang in die geistige Welt seiner Zeitgenossen fand und damit die kulturhistorische Entwicklung stark prägte. Winckelmann wurde im Jahre 1717 in Stendal geboren; er starb als Opfer eines Raubmordes im Jahre 1768 in Triest.

Sehenswert sind auch die spätgotische Marienkirche sowie die Jacobi- und die Petrikirche, die beide im 14. und 15. Jahrhundert entstanden sind. An der Ostseite des Marktes steht das Rathaus, dessen Laube im Erdgeschoß ebenfalls noch aus dem frühen 15. Jahrhundert stammt. Von der mittelalterlichen Stadtbefestigung blieben leider nur einzelne Abschnitte sowie das Tangermünder und das Uenglinger Tor erhalten, die beide als besonders formschöne Türme ausgebildet sind.

Mit noch nicht einmal 8.000 Einwohnern ist Havelberg eine Kleinstadt, doch in der mittelalterlichen Geschichte spielte der so idyllisch am Wasser gelegene Ort eine wichtige Rolle.

Schon in der ersten Hälfte des 19. Jahrhunderts wurden viele Stendaler Baudenkmäler vom preußischen Staat mit erheblichem Kostenaufwand erhalten und restauriert. Der Verfall und die Verwahrlosung, die für die DDR-Zeit so typisch waren, machten leider auch vor Stendals schönen Stadttoren nicht halt: So gingen wertvolle Teile, vor allem Fachwerkhäuser aus dem frühen 18. Jahrhundert im Bereich zwischen Markt und Jakobikirche, für immer verloren.

Verlassen wir Stendal in nördlicher Richtung auf der Bundesstraße 189, so erreichen wir bald Osterburg. Berühmt ist es zwar nicht, doch ein Besuch dieses Städtchens, das aus zwei mittelalterlichen Grenzburgen hervorgegangen ist, lohnt sich schon wegen der teilweise noch romanischen Pfarrkirche St. Nikolai. In der zweiten Hälfte des 15. Jahrhunderts wurde die romanische Basilika zur spätgotischen Halle umgebaut und um den Chor erweitert. Sehenswert ist vor allem ein gotisches Kruzifix sowie der bronzene Taufkessel, der im Jahre 1442 von Meister Volker aus Nürnberg geschaffen wurde.

Am Ostrand der seen- und waldreichen Arendseer Hochfläche führt uns der Weg weiter nach Seehausen. Das Wahrzeichen dieser kleinen Altmark-Stadt ist die Petrikirche mit ihrer mächtigen Doppelturmfront. Auch diese ursprünglich romanische Basilika wurde Mitte des 15. Jahrhunderts zur spätgotischen Hallenkirche umgestaltet. Noch aus romanischer Zeit stammt das kostbare Gewändeportal von 1220, das später in die Vorhalle versetzt wurde, so daß es nun vor Umwelt- und Witterungseinflüssen geschützt ist. Sehenswert sind auch der Flügelaltar aus dem frühen 16. Jahrhundert und die Barockkanzel von 1710.

Von der langen und bewegten Vergangenheit dieser kleinen Stadt zeugt auch noch ihre Befestigungsanlage, von der noch größere Teile erhalten sind. Dazu zählt auch das Beuster Tor, eines von ursprünglich mehreren Tortürmen. Seine architektonische Gliederung und formschöne Gestaltung weist es als ein Bauwerk des 15. Jahrhunderts aus.
Doch wenden wir uns nun nach Südosten: Etwa 14 Kilometer vor der Einmündung der Havel in die hier schon zu stattlicher Breite angewachsenen Elbe befindet sich Havelberg. Schon von weitem ist der gewaltige Westquerriegel des Mariendomes zu sehen. Ursprünglich befand sich hier ein Hauptheiligtum der heidnischen Slawen, die ihrem Gott Gerowit Opfer darbrachten. Erbitterter als anderswo war daher der Widerstand gegen die Eroberung und Christianisierung, die unter Kaiser Otto I., dem Großen, die ostelbischen Gebiete erfaßt hatte. Zunächst schienen die Eroberer Erfolg zu haben: Das heidnische Heiligtum wurde im Jahre 948 zerstört und an seiner Stelle ein Bistum gegründet.
Doch die Ruhe währte nicht lange: Beim großen Slawenaufstand im Jahre 983 wurde das Bistum zerschlagen, und die Sachsen mußten sich eilig nach Westen über die Elbe zurückziehen. Der erste Havelberger Bischof, Dudo, kam damals ums Leben. Doch obwohl sein Bistum zunächst verloren war, hatte er Nachfolger, die vorerst in Leitzkau bei Magdeburg residierten. Im Jahre 1129 wurde der Mönch Anselm zum Havelberger Bischof geweiht. Er konnte 1150 schließlich in der Folge eines Slawenkreuzzuges in sein eigentliches Bistum einziehen, wo er ein Prämonstratenserstift gründete.
Sicher und befriedet war das Gebiet allerdings noch längst nicht. „Einige von uns arbeiten an den Befestigungen im Angesicht der Feinde, andere sehen im Dienste des Herrn täglich dem Märtyrertod ins Auge“, schrieb der Bischof in einem Brief an den Abt in Corvey. Stehen wir vor dem gewaltigen Westwerk des Domes, das sich schroff und wehrhaft gleich einem schützenden Riegel vor der Kirche erhebt, so wird etwas von der damaligen Bedrohung spürbar. Der romanische Dom geht wahrscheinlich auf einen Ursprungsbau zurück, der unmittelbar nach Gründung des Bistums in der zweiten Hälfte des 10. Jahrhunderts begonnen, beim Slawenaufstand jedoch zerstört worden war.
Ab 1150 errichtete man teilweise aus Bruchsteinmauerwerk, das aus der Gegend von Magdeburg auf der Elbe herbeigeschafft wurde, eine langgestreckte dreischiffige Basilika mit flachem Dach und dem 30 Meter breiten und sechs Meter tiefen wuchtigen Westwerk. Bereits im Jahre 1279 fiel dieser romanische Dom einem Brand zum Opfer. Doch auch nach dem Wiederaufbau als gotische Basilika sind die romanischen Ursprünge des großartigen Bauwerks noch gut erkennbar. In der Zeit um 1400 wurde das Innere des Domes prachtvoll ausgestattet.
Aus dieser Zeit, in der das Bistum vom Bischof von Wöpelitz geleitet wurde, stammen der Sandsteinlettner mit seinem reichen plastischen Schmuck sowie die Bildfenster im nördlichen Seitenschiff. Das eindrucksvolle Triumphkreuz, das sich über dem Lettner erhebt, wurde ebenso wie das Chorgestühl im späten 13. Jahrhundert geschaffen. Sehr viel jünger, jedoch nicht weniger prachtvoll gestaltet, sind die Kanzel und der hochaufragende Portikusaltar aus dem späten 17. und frühen 18. Jahrhundert.
Die Stadt Havelberg, die heute etwa 8.000 Einwohner hat, entwickelte sich erst nach der Wiedererrichtung des Bistums im 12. Jahrhundert. Der Stadtkern befindet sich in wunderschöner Lage unterhalb des Domberges auf der Havelinsel. Architektur und Landschaft, Stein und Wasser bilden hier eine überaus malerische Einheit. Das Ufer der Insel, an dem zahlreiche Boote festgemacht sind, ist von Büschen und Bäumen gesäumt, zwischen denen immer wieder Häuser hervorlugen. Doch mit dieser Beschaulichkeit, die vor allem Wassersportler und Urlauber zu schätzen wissen, ist es wenigstens einmal im Jahr gründlich vorbei, nämlich dann, wenn der Pferdemarkt stattfindet.
Gewiß, Pferde kann man dann auch kaufen, aber das ist es nicht, was Zigtausende Neugierige und Kaufwillige, Sammler und Trödler, Händler und Hehler, Liebhaber und Touristen anlockt: Beim traditionellen Havelberger Pferdemarkt kann man nämlich so gut wie alles erhandeln: vom echten Biedermeier-Kaffeeservice bis zum falschen Goldring, vom alten Blechspielzeugauto bis zum ausgedienten Küchenschrank, vom Autoradio bis zur Butterdose, vom Grammophon bis zu jenen Orden und Ehrenspangen, die vor noch gar nicht allzu langer Zeit an der stolz geschwellten Brust eines sowjetischen Panzergenerals prangten.
Nach der bewegten Gründungs- und Frühphase sind die Stürme der Zeit meistens an Havelberg vorübergezogen. Mit Gelassenheit ließ sich von hier aus das Auf und Ab der Machtspiele verfolgen, in dessen Zentrum andere, größere und auf Dauer bedeutendere Bistümer und Städte standen. Einen großen Einschnitt brachte jedoch das 16. Jahrhundert, als das Prämonstratenserstift im Jahre 1506 zunächst in ein weltliches und 1561 schließlich in ein evangelisches Domkapitel verwandelt wurde. Im Gebäude des 1819 säkularisierten Domstiftes, das dem Jerichower Kloster stark ähnelt, befindet sich heute das Prignitz-Museum, das über eine interessante Sammlung zur Geschichte von Havelberg und zur Baugeschichte des Domes verfügt.

Die Kirche des ehemaligen Prämonstratenserstiftes von Jerichow gehört zu den ältesten Backsteinbauten dieser Region und gilt als ein Hauptwerk der norddeutschen Romanik. Das Innere der dreischiffigen Säulenbasilika wird durch den reizvollen Kontrast von rotem Backstein und weißen Putzflächen geprägt. Die große Sandsteintaufe im Vordergrund stammt aus der ersten Hälfte des 13. Jahrhunderts und gehört zu den ältesten Ausstattungsstücken.

Wasser, Wiesen und Weiden, ein paar Baumgruppen und viel Himmel – die Landschaft der Altmark ist von herbem Reiz. Über die Tanger, die hier in die Elbe mündet, sehen wir hinüber zu den Türmen und Mauern der alten Stadt Tangermünde. Im 17. Jahrhundert wurde Tangermünde durch einen Stadtbrand und die Wirren des Dreißigjährigen Krieges heimgesucht, doch später blieb die schmucke Fachwerkstadt von großen Zerstörungen verschont.

Auf einer von der Havel umflossenen Insel entstand im 12. Jahrhundert die Stadt Havelberg. Machtvoll, wehrhaft und Respekt erheischend überragt der Dom St. Marien mit seinem gewaltigen Westquerriegel die kleine Stadt. An gleicher Stelle hatte sich zuvor ein slawisches Heiligtum befunden. So symbolisiert also der Dom, der in seiner heutigen Gestalt weitgehend dem 12. und 13. Jahrhundert entstammt, den Sieg des Christentums über die heidnischen Slawen. Zum Gebäudekomplex des Doms gehört auch der spätromanische Backsteinbau des Prämonstratenserordens, in dem heute das heimatgeschichtliche Prignitz-Museum untergebracht ist.

Arendsee
Salzwedel
Seehausen
Diesdorf
Abbendorf
Havelberg
Osterburg
Elbe
Beetzendorf
Bismark
Schönhausen
Stendal
Gardelegen
Letzlinger Heide
Tangermünde
Jericho
Mittellandkanal
Elbe
Elbe-Havel-Kanal
Prähistorische Großsteingräber
Genthin
Hannover
Haldensleben
Wolmirstedt
Burg
Berlin
2
MAGDEBURG
Fläming
Hamersleben
Seehausen
Elbe
Berlin
Osterwieck
Huy
Oschersleben
Ilsenburg
Halberstadt
Schönebeck
Zerbst
Wernigerode
Regenstein
Teufelsmauer
Saale
Roßlau
9
Brocken 1142 m
Rübeland
Quedlinburg
Bode
DESSAU
LUTHERSTADT WITTENBERG
Schierke
Blankenburg
Thale
Bernburg
Mosigkau
Elbe
Bode
Roßtrappe
Rappbodetalsperre
Gernrode
Aschersleben
Wörlitzer Park
Mulde
Elbe
Jessen
Hexentanzplatz
Falkenstein
Köthen
Wettin
Bergwitzsee
Schwarze Elster
Hettstedt
Dübener Heide
Pretzsch
Bad Schmiedeberg
Stolberg
Muldestausee
Bitterfeld
Mansfelder Land
Süßer See
Sangerhausen
HALLE
Talsperre Kelbra
Eisleben
Giebichenstein
14
Kyffhäuser
Bad Lauchstädt
Querfurt
Merseburg
Leipzig
Unstrut
Nebra
Freyburg
Saale
Weißenfels
Memleben
Neuenburg
Lützen
Roßbach
Naumburg
Bad Kösen
9
Rudelsburg
Saaleck
Zeitz
Nürnberg
N